Omas beste Blechkuchen

Weltbild

Inhalt

Köstliche Kuchen aus Backpulverteig   4

Süße Kreationen aus Hefeteig   30

Saftiges vom Blech aus Quark-Öl-Teig   62

Nicht nur zur Weihnachtszeit   74

Deftige Kuchen und Brote   92

Kleine Leckereien vom Blech   112

Rezeptverzeichnis   127

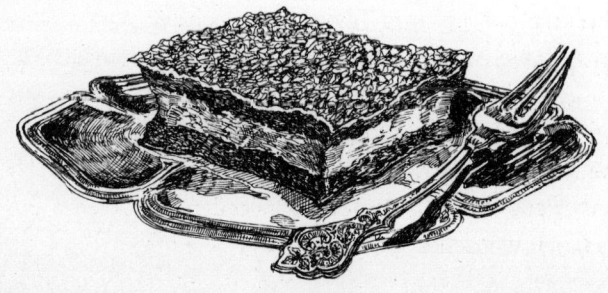

Blechkuchen – beliebte Klassiker

Blechkuchen duften. Blechkuchen sehen schön aus. Blechkuchen verführen zum Reinbeißen. Außerdem sind sie rasch zubereitet und nie langweilig, denn Teige und Belag, Füllungen und Garnituren lassen sich variieren. Blechkuchen schmecken mit Früchten, Nüssen, Streuseln und Mohn, mit Quark, Sauerkraut, Schinken und Zwiebeln oder reichlich gespickt mit Rosinen und Nüssen. Ganz gleich, ob sie sich buttrig, zuckrig, knusprig, saftig, würzig oder deftig präsentieren – sie kommen immer gut an. Mit ihnen werden Kindheitserinnerungen wach, denn schon die Uroma, die Oma und die Tante präsentierten schmackhafte Backwerke vom Blech.

Sie haben an Beliebtheit bis heute nicht verloren. Noch immer sind Streusel-, Quark und Schneewittchenkuchen, Bienenstich, Stollen und Früchtebrot Favoriten auf dem Kaffeetisch. Doch nicht nur das Genießen, auch das Produzieren der leckeren Teigwaren macht Backfans nach wie vor viel Freude. Mit Spaß wird geknetet, ausgerollt, ausgestochen, geformt und geschnippelt. Denn aus Backpulver-, Hefe-, und Quark-Öl-Teig lassen sich unwiderstehliche Köstlichkeiten zaubern, die immer wieder aufs Neue Ihre Phantasie herausfordern. Probieren Sie mit. Wir wünschen gutes Gelingen!

Köstliche Kuchen aus Backpulverteig

Schneewittchenkuchen

250 g Butter	**Für die Creme**
250 g Zucker	1 Päckchen
6 Eier	Vanille-Puddingpulver
400 g Mehl	3 EL Zucker
2 EL Speisestärke	$1/2$ l Milch
1 Päckchen Backpulver	250 g Butter
3 EL Kakao	**Außerdem**
1 $1/2$ kg entsteinte	300 g geraspelte
Sauerkirschen	Zartbitterschokolade

Die Butter in einer Schüssel schaumig schlagen. Zucker und nach und nach die Eier einrühren. Mehl, Speisestärke und Backpulver vermischen, über die Butter-Ei-Masse sieben und einarbeiten. Unter die Hälfte des Teiges den Kakao mischen. Den Kakaoteig auf ein gefettetes Backblech geben und glattstreichen, den hellen Teig darüber verteilen und mit Sauerkirschen belegen.

Im vorgeheizten Backofen bei 200 °C (Gas Stufe 3, Umluft 180 °C) etwa 35 Minuten backen. Herausnehmen und auskühlen lassen.

Für die Creme das Puddingpulver mit dem Zucker und etwas kalter Milch glatt rühren. Die restliche Milch zum Kochen bringen, das angerührte Puddingpulver zugeben und unter Rühren kurz aufkochen lassen. Vom Herd nehmen und auskühlen lassen. Ab und zu umrühren, damit sich keine Haut bildet. Die zimmerwarme Butter in einer Schüssel schaumig schlagen, den Pudding esslöffelweise einrühren. Die Buttercreme auf den ausgekühlten Kuchen streichen und das Ganze mit geraspelter Schokolade verzieren.

Zitronenkuchen

350 g Butter
350 g Zucker
6 Eier
2 TL abgeriebene, unbehandelte Zitronenschale
Saft von 1 Zitrone
450 g Mehl
50 g Speisestärke

1 Päckchen Backpulver
50 ml Milch
Für die Glasur
Saft von 2 Zitronen und 2 Orangen
150 g Puderzucker
Außerdem
Bunter Streuzucker

Die Butter schaumig rühren, nach und nach Zucker, Eier, Zitronenschale und Zitronensaft zugeben. Mehl, Speisestärke und Backpulver vermischen, sieben und mit der Milch zugeben. Einen glatten Teig bereiten, auf ein gefettetes Backblech streichen und im vorgeheizten Backofen bei 200 °C (Gas Stufe 3, Umluft 180 °C) etwa 30 Minuten backen. Herausnehmen und abkühlen lassen. Zitronensaft, Orangensaft und gesiebten Puderzucker verrühren. Mit einem Holzspieß Löcher in den Kuchen stechen, die Glasur darauf verteilen. Mit buntem Streuzucker verzieren.

Mandelkuchen

300 g Mehl	300 g Butter
2 gestr. TL Backpulver	250 g Zucker
100 g Zucker	1 Prise Salz
1 Päckchen Vanillezucker	8 Eier (getrennt)
1 Prise Salz	8 EL Mandellikör
1 Ei	300 g gemahlene Mandeln
1 EL Milch	400 g ganze,
150 g kalte Butter	abgezogene Mandeln
Für den Belag	**Für die Glasur**
200 g Marzipanrohmasse	6 EL Puderzucker

Mehl mit Backpulver vermischen und in eine Schüssel sieben. In die Mitte eine Vertiefung drücken. Zucker, Vanillezucker, Salz, Ei und Milch in die Mulde geben und mit einem Teil des Mehl einen Brei bereiten. Die Butter in Stückchen darauf verteilen, mit etwas Mehl bedecken und von der Mitte her alle Zutaten zu einem glatten Teig verkneten. 30 Minuten kalt stellen. Ein Backblech mit Backpapier belegen, den Teig darauf geben und im vorgeheizten Backofen bei 200 °C (Gas Stufe 3, Umluft 180 °C) 10 Minuten vorbacken.

Für den Belag die Marzipanrohmasse mit Butter, Zucker und Salz schaumig rühren. Nach und nach das Eigelb einrühren und den Mandellikör zugeben. Das Eiweiß steif schlagen und mit den gemahlenen Mandeln unter die Marzipanmasse ziehen. Den Belag auf dem vorgebackenen Teigboden verteilen. Mit den ganzen Mandeln verzieren. Im vorgeheizten Backofen bei 200°C (Gas Stufe 3, Umluft 180 °C) 20 Minuten backen. Damit die Mandeln nicht zu dunkel werden, 5 Minuten vor Ende der Backzeit mit Alufolie abdecken. Gesiebten Puderzucker einige Minuten karamellisieren und etwas abkühlen lassen. 5 EL heißes Wasser dazu geben, den Mandelkuchen glasieren.

Gedeckter Apfelkuchen

	Für die Füllung
400 g Mehl	2 kg Äpfel
4 TL Backpulver	100 g Zucker
100 g Zucker	100 g Korinthen
1 Päckchen Vanillezucker	6 EL Weißwein
1/2 TL abgeriebene,	50 g gehackte Mandeln
unbehandelte	**Für die Glasur**
Zitronenschale	200 g Puderzucker
1 Ei	3 EL Zitronensaft
6 EL Milch	1 TL weiche Butter
1 Prise Salz	
150 g kalte Butter	

Mehl und Backpulver vermischen und in eine Schüssel sieben. In die Mitte eine Vertiefung drücken. Zucker, Vanillezucker, Zitronenschale, Ei, Milch und Salz in die Vertiefung geben und einen dicken Brei herstellen. Darauf die in Stücke geschnittene kalte Butter geben und mit Mehl bedecken. Die Zutaten von der Mitte her zu einem glatten Teig verkneten. Die Hälfte des Teiges ausrollen und auf ein gefettetes Backblech legen. Den restlichen Teig ebenfalls ausrollen.

Für die Füllung die Äpfel schälen, in Spalten schneiden, dabei das Kernhaus entfernen. Die Spalten in einen Topf

geben, Zucker und Korinthen zufügen, Weißwein dazugeben und 5 Minuten köcheln lassen. Die Mandeln einrühren, auskühlen lassen. Die Apfelmasse auf dem Teig
verteilen. Die Teigdecke auflegen. Im vorgeheizten
Backofen bei 200 °C (Gas Stufe 3, Umluft 180 °C) etwa 35 Minuten backen. Herausnehmen und auskühlen
lassen. Für die Glasur den Puderzucker sieben und mit
Zitronensaft und Butter verrühren. Den Kuchen damit
bestreichen.

Stachelbeerkuchen

450 g Mehl	**Für den Belag**
1 gestr. TL Backpulver	1 kg Stachelbeeren
150 g Butter	4 EL Speisestärke
100 g Zucker	1/2 l Weißwein
1 Ei	250 g Zucker
1 Prise Salz	4 EL Semmelbrösel
1/2 TL abgeriebene, unbe-	125 g gehackte Mandeln
handelte Zitronenschale	6 Eiweiß

Das Mehl mit dem Backpulver vermischen, in eine Schüssel sieben, in die Mitte eine Vertiefung drücken. Die Butter in Stücken, Zucker, Ei, Salz und Zitronenschale in die

Vertiefung geben und alles zu einem geschmeidigen Teig verkneten. 30 Minuten kalt stellen.

Für den Belag die Stachelbeeren putzen, waschen und abtropfen lassen. Die Speisestärke in etwas Weißwein glatt rühren. Den restlichen Weißwein mit 200 g Zucker zum Kochen bringen, die Stachelbeeren hineingeben und 5 Minuten köcheln lassen. Die Stachelbeeren mit einer Schaumkelle herausnehmen, die angerührte Speisestärke in die Flüssigkeit rühren, kurz aufwallen lassen. Die Stachelbeeren wieder dazu geben und kalt stellen.

Den Teig ausrollen und auf ein gefettetes Blech geben. Einen Rand hochziehen. Im vorgeheizten Backofen bei 200 °C (Gas Stufe 3, Umluft 180 °C) 10 Minuten vorbacken. Den Teig mit Semmelbröseln bestreuen, die Stachelbeermasse darauf geben und mit Mandeln bestreuen. Das Eiweiß mit dem restlichen Zucker steif schlagen und über die Stachelbeermasse ziehen. Noch 10 Minuten backen.

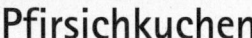

Pfirsichkuchen

300 g Butter
250 g Zucker
1 Päckchen Vanillezucker
5 Eier (getrennt)
400 g Mehl
1 EL Speisestärke
1 Päckchen Backpulver
300 g abgetropfter Quark
6 EL Zitronensaft

1 TL abgeriebene, unbe-
   handelte Zitronenschale
Für den Belag
1 kg Pfirsiche
500 g Himbeeren
1 Packung klarer Tortenguss
1/4 l Schlagsahne
2 Päckchen Vanillezucker
1 Päckchen Sahnesteif

In einer Schüssel Butter, Zucker und Vanillezucker schaumig rühren. Eigelb langsam dazugeben. Mehl, Speisestärke und Backpulver vermischen und nach und nach
unterrühren. Den Quark mit Zitronensaft und Zitronenschale verrühren und ein Drittel davon unter den Teig mischen. Den restlichen Quark beiseite stellen. Das Eiweiß
steif schlagen und unter den Teig ziehen. Die Teigmas-
se auf einem gefetteten Backblech verteilen, im vorgeheizten Backofen bei 200 °C (Gas Stufe 3, Umluft
180 °C) etwa 20 Minuten backen. Herausnehmen, auskühlen lassen und mit dem restlichen Quark bestreichen.
Die Pfirsiche enthäuten, halbieren, entsteinen und
dünne Spalten schneiden. Zusammen mit den Himbee-

ren auf dem Quark anordnen. Den Tortenguss nach Packungsvorschrift herstellen, die Früchte damit überziehen. Die Schlagsahne mit Vanillezucker und Sahnesteif steif schlagen, in einen Spritzbeutel mit Sterntülle füllen und den Kuchen damit verzieren.

Waldbeerenkuchen mit Streuseln

350 g Mehl	$1/2$ TL abgeriebene, unbe-
2 TL Backpulver	handelte Orangenschale
100 g Zucker	2 Päckchen Vanillezucker
1 Päckchen Vanillezucker	1 kg Brombeeren
1 Prise Salz	**Für die Streusel**
1 Ei	150 g Butter
2 EL Milch	150 g Zucker
150 g kalte Butter	150 g Mehl
Für den Belag	**Außerdem**
300 g Crème fraîche	Puderzucker

Mehl und Backpulver in eine Schüssel sieben, in die Mitte eine Vertiefung drücken. Zucker, Vanillezucker, Salz, Ei und Milch in die Vertiefung geben und einen Brei bereiten. Die kalte Butter in Stücken daraufgeben und alles rasch zu einem glatten Teig verkneten. 30 Minuten

kalt stellen. Den Teig ausrollen, auf ein gefettetes Backblech geben, einen Rand hochziehen. Crème fraîche mit
Orangenschale und Vanillezucker verrühren, auf den Teig
streichen. Die gewaschenen, abgetropften Brombeeren
darauf anordnen. Aus Butter, Zucker und Mehl Streusel
bereiten und über die Brombeeren streuen. Bei 200 °C
(Gas Stufe 3, Umluft 180 °C) 25 Minuten backen. Herausnehmen, auskühlen lassen, mit Puderzucker bestäuben.

Weinbeerenkuchen mit Guss

500 g Mehl	1 1/2 kg Weinbeeren
1 gestr. TL Backpulver	**Für den Guss**
150 g Zucker	250 g Schmand
1 Päckchen Vanillezucker	4 Eier
1 Prise Salz	2 EL Zucker
2 Eier	1 TL Speisestärke
250 g kalte Butter	**Außerdem**
Für den Belag	Puderzucker
100 g gemahlene Haselnüsse	

Mehl und Backpulver vermischen, in eine Schüssel sieben, in die Mitte eine Vertiefung drücken. Zucker, Vanillezucker, Salz und Eier in die Mulde geben, mit Mehl be-

decken und einen dicklichen Brei herstellen. Die Butter in Stücken darauf verteilen und von der Mitte her alle Zutaten zu einem geschmeidigen Teig verkneten. 30 Minuten kalt stellen. Den Teig ausrollen, auf ein gefettetes Backblech legen, einen Rand hochziehen. Die Haselnüsse auf die Teigplatte streuen, die gewaschenen, abgetropften Weinbeeren darauf anordnen.

Für den Guss Schmand, Eier, Zucker und Speisestärke verrühren und über die Beeren gießen. Im vorgeheizten Backofen bei 200 °C (Gas Stufe 3, Umluft 180 °C) etwa 40 Minuten backen. Herausnehmen, auskühlen lassen, mit Puderzucker bestäuben.

Wespenstich

250 g Mehl	500 g Aprikosenkonfitüre
1/2 Päckchen Backpulver	1 kg Aprikosen
125 g Zucker	250 g Butter
1 Päckchen Vanillezucker	250 g Zucker
2 Eier	250 g gehackte Mandeln
125 g kalte Butter	2 EL Honig
Für den Belag	2 Eier
250 g Blätterteig (tiefgekühlt)	2 EL Milch

Für den Belag den Blätterteig auftauen. Für den Teig Mehl und Backpulver vermischen und in eine Schüssel sieben. In die Mitte eine Vertiefung drücken. Zucker, Vanillezucker und Eier hineingeben und mit einem Teil des Mehls einen dicken Brei herstellen. Die kalte Butter in Stücken auf den Brei geben und mit etwas Mehl bedecken. Von der Mitte her alles rasch zu einem glatten Teig verkneten. 1 Stunde kalt stellen. Ein Backblech einfetten. Den Teig auf bemehlter Fläche ausrollen und auf das Backblech geben. Den Teigboden mit einer Gabel mehrmals einstechen, die Aprikosenkonfitüre aufstreichen. Die Aprikosen halbieren, entsteinen, in Spalten schneiden und auf dem Teig anordnen. Den aufgetauten Blätterteig ausrollen und darauflegen. Butter und Zucker in einem Topf erhitzen, Mandeln und Honig einrühren, alles kurz aufwallen lassen. Vom Herd nehmen und etwas abkühlen lassen. Eier und Milch einrühren, die Masse auf den Blätterteig streichen. Den Wespenstich im vorgeheizten Backofen bei 200 °C (Gas Stufe 3, Umluft 180 °C) etwa 45 Minuten backen.

Mohnkuchen mit Aprikosen

2 EL Korinthen
2 EL Rum
500 g Aprikosen
Saft von 1 Zitrone
150 g weiche Butter
100 g Zucker
1/2 TL abgeriebene, unbe-
  handelte Zitronenschale
1 Prise Salz
6 Eier (getrennt)

200 g gemahlener Mohn
50 g gehackte Mandeln
100 g Mehl
50 g Speisestärke
1 gestr. TL Backpulver
50 g Zwiebackbrösel
Außerdem
250 g Aprikosenkonfitüre
2 EL Obstgeist
Puderzucker

Die Korinthen in Rum einweichen. Die Aprikosen halbieren, entsteinen und mit Zitronensaft marinieren. Die
Butter in eine Schüssel geben und mit dem Zucker, der
Zitronenschale und etwas Salz schaumig schlagen. Eigelb
nach und nach unterrühren. Mohn, Mandeln, und Korinthen einrühren. Mehl, Speisestärke und Backpulver
vermischen. Das Eiweiß steif schlagen und abwechselnd
mit dem gesiebten Mehl unterheben. Ein Backblech mit
Backpapier auslegen, den Teig darauf geben. Die Apri-
kosenhälften in Zwiebackbröseln wenden und auf dem
Teig anordnen. Im vorgeheizten Backofen bei 180 °C
(Gas Stufe 2, Umluft 160 °C), etwa 35 Minuten backen,

auskühlen lassen. Die Aprikosenkonfitüre mit dem Obstgeist verrühren, leicht erwärmen, durch ein Sieb geben
und den Kuchen damit bestreichen. Mit Puderzucker bestäuben.

Wattekuchen

8 Eier	3 gestr. TL Backpulver
250 g Zucker	**Außerdem**
1 Päckchen Vanillezucker	400 g Puderzucker
1 Prise Salz	4 EL Kakao
1 TL abgeriebene, unbe-	80 g weiche Butter
handelte Orangenschale	150 g geraspelte
300 g Mehl	Bitterschokolade
100 g Speisestärke	

Für den Teig die Eier in eine Schüssel geben und mit
Zucker, Vanillezucker, Salz und Orangenschale verrühren. Das Mehl mit Speisestärke und Backpulver vermischen, auf die Eimasse sieben und einarbeiten. Den
Teig in zwei Portionen teilen. Zwei Backbleche mit Backpapier auslegen. Je eine Teighälfte darauf geben und im
vorgeheizten Backofen bei 200 °C (Gas Stufe 3, Umluft
180 °C) etwa 12 Minuten backen. Herausnehmen, mit

dem Backpapier vom Backblech nehmen, das Papier sofort abziehen und die Kuchen auskühlen lassen. Puderzucker sieben und mit Kakao und Butter verrühren. Beide Teigplatten damit bestreichen und aufeinandersetzen. Mit geraspelter Bitterschokolade bestreuen.

Rollkuchen

500 g Mehl	**Für die Füllung**
1 Päckchen Backpulver	500 g Aprikosenkonfitüre
150 g Zucker	1 Ei
2 Eier	4 EL Obstgeist
2 EL Milch	125 g gemahlene Mandeln
1 Prise Salz	**Für den Guss**
$1/2$ TL abgeriebene,	400 g Zartbitterkuvertüre
unbehandelte	100 g weiße Kuvertüre
Zitronenschale	**Außerdem**
200 g kalte Butter	Kandierte Früchte

Mehl und Backpulver vermischen, in eine Schüssel sieben, in die Mitte eine Vertiefung drücken. Zucker, Eier, Milch, Salz, Zitronenschale in die Vertiefung geben, etwas Mehl einrühren und einen dicklichen Brei herstellen. Die Butter in Stücken darüber geben. Mit Mehl bedecken

und von der Mitte her die Zutaten zu einem geschmeidigen Teig verkneten. 30 Minuten kalt stellen. Den Teig auf bemehlter Fläche zu einem Rechteck ausrollen.

Die Konfitüre durch ein Sieb streichen, mit dem Ei und dem Obstgeist verrühren und auf den Teig streichen. Die Mandeln darüber streuen. Den Teig aufrollen, die Rolle auf ein gefettetes Backblech legen und im vorgeheizten Backofen bei 200 °C (Gas Stufe 3, Umluft 180 °C) etwa 45 Minuten backen. Auskühlen lassen.

Die Zartbitterkuvertüre zerkleinern und im warmen Wasserbad schmelzen. Den Rollkuchen damit überziehen und kalt stellen. Die weiße Kuvertüre zerkleinern, im warmen Wasserbad schmelzen und damit Muster über den Rollkuchen ziehen. Zuletzt mit kandierten Früchten garnieren.

Kuchen mit Keksdecke

250 g Butter	Vanille-Puddingpulver
4 Eier (getrennt)	2 EL Zucker
250 g Puderzucker	$1/2$ l Milch
1 Päckchen Vanillezucker	250 g weiche Butter
1 Prise Salz	250 g Butterkekse
$1/2$ TL abgeriebene	Etwas Weinbrand
Zitronenschale	**Für den Guss**
250 g Mehl	250 g Kokosfett
50 g Speisestärke	250 g Puderzucker
2 gestr. TL Backpulver	3 EL Kakao
Für die Creme	2 Eier
1 Päckchen	

Die Butter schaumig schlagen, Eigelb, gesiebten Puderzucker, Vanillezucker, Salz und Zitronenschale unterrühren. Mehl, Speisestärke und Backpulver vermischen, sieben und nach und nach einrühren. Das Eiweiß steif schlagen und unter den Teig heben. Ein Backblech mit Backpapier auslegen, den Teig darauf geben und im vorgeheizten Backofen bei 200 °C (Gas Stufe 3, Umluft 180 °C) 20 Minuten backen. Herausnehmen, mit dem Papier vom Backblech nehmen, das Papier ablösen. Den Kuchenboden kühl stellen.

Für die Creme das Puddingpulver mit dem Zucker in etwas kalter Milch verrühren. Die restliche Milch zum Kochen bringen, das angerührte Puddingpulver einrühren, kurz aufkochen lassen, vom Herd nehmen und auskühlen lassen. Ab und zu umrühren, damit sich keine Haut bildet. Die zimmerwarme Butter schaumig rühren, den Pudding löffelweise dazugeben. Die Creme auf dem Kuchenboden verteilen. Die Kekse jeweils kurz in den Weinbrand tauchen und lückenlos auf der Buttercreme anordnen.

Für den Guss das Kokosfett zerlassen. Gesiebten Puderzucker und Kakao vermischen, die Eier und nach und nach das Kokosfett einrühren. Die Kekse mit dem Guss überziehen.

Festtagskuchen

150 g Butter
250 g Zucker
4 Eier
300 g Mehl
2 gestr. TL Backpulver
Für die Streusel
300 g Mehl

250 g Zucker
2 Päckchen Vanillezucker
250 g Butter
Für den Guss
$1/4$ l Schlagsahne
1 EL Zucker

Für den Teig die Butter schaumig rühren, Zucker und Eier einrühren. Mehl und Backpulver vermischen, sieben und nach und nach einarbeiten. Ein Backblech mit Backpapier auslegen, den Teig darauf geben.

Für die Streusel das gesiebte Mehl mit Zucker und Vanillezucker vermischen. Die Butter in Stückchen dazu geben, Streusel bereiten und auf dem Teig verteilen. Im vorgeheizten Backofen bei 200 °C (Gas Stufe 3, Umluft 180 °C) etwa 25 Minuten backen. Herausnehmen, einige Minuten auskühlen lassen. Die Sahne ungeschlagen mit dem Zucker verrühren und den Kuchen damit übergießen.

Blühender Mohnkuchen

200 ml Milch
250 g gemahlener Mohn
200 g Zucker
1 Prise Salz
1/2 TL abgeriebene, unbehandelte Zitronenschale
2 Eier
2 EL Weinbrand
350 g Mehl

1/2 Päckchen Backpulver
Für die Glasur
200 g Puderzucker
3 EL Zitronensaft
Für die kandierten Mohnblüten
1 Eiweiß
Feste, frische Mohnblüten
Feiner Zucker

Für den Teig die Milch zum Kochen bringen, vom Herd nehmen. Den Mohn in eine Schüssel geben und mit der siedend heißen Milch übergießen. Auskühlen lassen. Zucker, Salz, Zitronenschale, Eier und Weinbrand in die Mohnmasse einrühren. Mehl und Backpulver vermischen und nach und nach zum Teig geben. Ein Backblech mit Backpapier auslegen und den Teig daraufgeben. Bei 200 °C (Gas Stufe 3, Umluft 180 °C) etwa 35 Minuten backen. Herausnehmen und auskühlen lassen. Für die Glasur den Puderzucker sieben und mit Zitronensaft verrühren. Den Kuchen damit überziehen.

Für die kandierten Mohnblüten ein Eiweiß mit einer Gabel etwas aufschlagen. Die Blüten vorsichtig mit dem Eiweiß bestreichen und mit feinem Zucker bestreuen. Die Blüten im vorgeheizten Backofen bei 50 °C trocknen lassen. Den Kuchen damit verzieren.

Variante: Auf die gleiche Art kann man auch Veilchen, Rosenblüten, Malven, Gänseblümchen, Kornblumen, Nelken oder Begonien kandieren.

Hummelkuchen

6 Eier
250 g Zucker
150 g weiche Butter
350 g Mehl
1 EL Speisestärke
1 Päckchen Backpulver
100 ml Schlagsahne

Für den Belag
250 g Butter
225 g Zucker
4 EL Milch
1 EL Mehl
300 g Mandelblättchen

Eier und Zucker in einer Schüssel schaumig schlagen. Die Butter unterrühren. Mehl, Speisestärke und Backpulver vermischen, auf die Eiermasse sieben und zusammen mit der Schlagsahne einrühren. Ein Backblech einfetten, den Teig darauf geben und im vorgeheizten Backofen bei 200 °C (Gas Stufe 3, Umluft 180 °C) 15 Minuten backen.

Für den Belag die Butter zerlassen, Zucker, Milch und Mehl einrühren, kurz aufwallen lassen. Vom Herd nehmen, die Mandelblättchen unterrühren. Die heiße Mischung auf dem vorgebackenen Kuchen verteilen und noch 12 Minuten weiter backen.

Pflaumenkuchen mit Streuseln

450 g Mehl	**Für den Belag**
3 gestr. TL Backpulver	2 kg Pflaumen
125 g Zucker	200 g Mehl
1/2 TL abgeriebene, unbe-	150 g Butter
handelte Zitronenschale	125 g Zucker
2 Eier	**Außerdem**
2 EL Milch	100 g zerlassene Butter
200 g kalte Butter	2 EL Zucker

Mehl und Backpulver vermischen, in eine Schüssel sieben, in die Mitte eine Vertiefung drücken. Zucker, Zitronenschale, Eier und Milch hineingeben, mit Mehl bedecken und einen Brei herstellen. Auf den Brei die in Stücke geschnittene Butter legen, Mehl darüber geben und alle Zutaten von der Mitte her verkneten. 30 Minuten kalt stellen.

Inzwischen die Pflaumen waschen, an der Spitze kreuzförmig einschneiden, aufschneiden und entsteinen. Den Teig auf bemehlter Fläche ausrollen und auf ein gefettetes Blech legen. Die Pflaumen schuppenförmig auf dem Teig anordnen.

Aus Mehl, Butter und Zucker mit zwei Gabeln Streusel bereiten und auf den Pflaumen verteilen. Im vorgeheizten Backofen bei 200 °C (Gas Stufe 3, Umluft 180 °C) etwa 40 Minuten backen. Herausnehmen, mit Butter beträufeln und mit Zucker bestreuen.

Zarter Apfelkuchen

300 g weiche Butter	100 g Speisestärke
200 g Zucker	1 Päckchen Backpulver
1 Prise Salz	**Für den Belag**
1 TL abgeriebene,	150 g Aprikosenkonfitüre
unbehandelte	2 EL Obstgeist
Zitronenschale	1 kg mittelgroße Äpfel
4 Eier	150 g Mandelstifte
8 EL Milch	**Außerdem**
400 g Mehl	Puderzucker

Für den Teig in einer Schüssel die Butter schaumig schlagen. Zucker, Salz, Zitronenschale, Eier und Milch unterrühren. Mehl, Speisestärke und Backpulver vermischen, nach und nach zum Teig geben. Ein Backblech mit Backpapier auslegen, den Teig darauf verteilen.
Die Aprikosenkonfitüre mit dem Obstgeist verrühren. Die Äpfel schälen und halbieren. Das Kernhaus entfernen und in die Mulde Aprikosenkonfitüre füllen. Die Apfel-

hälften auf dem Teig verteilen und etwas hineindrücken. Mit Mandelstiften bestreuen. Bei 200 °C (Gas Stufe 3, Umluft 180 °C) etwa 40 Minuten backen. Herausnehmen, auskühlen lassen, mit Puderzucker bestäuben.

Buttermilchkuchen

6 Eier	¹/₄ l Buttermilch
300 g Zucker	500 g Mehl
1 Päckchen Vanillezucker	1 Päckchen Backpulver
2 TL abgeriebene,	**Außerdem**
unbehandelte	400 g Kokosraspel
Orangenschale	200 g zerlassene Butter
1 Prise Salz	

Die Eier in eine Schüssel geben, die Hälfte des Zuckers und den Vanillezucker einrühren. Orangenschale, Salz und Buttermilch unterrühren. Mehl und Backpulver vermischen, sieben und nach und nach einrühren. Den Teig auf ein gefettetes Backblech geben. Die Kokosraspel mit dem restlichen Zucker vermischen und auf dem Teig verteilen. Bei 200 °C (Gas Stufe 3, Umluft 180 °C) etwa 35 Minuten backen. Herausnehmen und sofort mit flüssiger Butter überziehen.

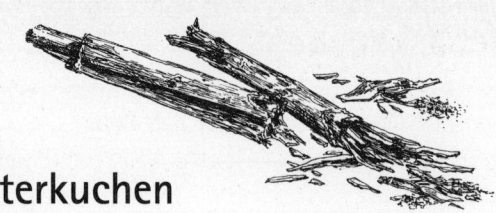

Butterkuchen

400 g Mehl
3 gestr. TL Backpulver
125 g Zucker
1 Päckchen Vanillezucker
1 Prise Salz
2 Eier

3 EL Milch
180 g kalte Butter
Außerdem
150 g Butter
2 EL Zucker
$^1/_2$ TL gemahlener Zimt

Mehl und Backpulver vermischen, in eine Schüssel sieben, in die Mitte eine Vertiefung drücken. Zucker, Vanillezucker, Salz, Eier und Milch hineingeben, mit Mehl bedecken, einen Brei herstellen. Die Butter in Stückchen darüber geben. Alle Zutaten von der Mitte her gut verkneten. 30 Minuten kalt stellen. Den Teig auf bemehlter Fläche ausrollen und auf ein gefettetes Backblech legen. Kleine Vertiefungen in die Teigplatte drücken. Die Butter in Flöckchen in die Vertiefungen setzen. Zucker und Zimt vermischen, den Teig damit bestreuen. Im vorgeheizten Backofen bei 200 °C (Gas Stufe 3, Umluft 180 °C) etwa 25 Minuten backen.

Zwiebackkuchen

400 g Mehl
3 gestr. TL Backpulver
125 g Zucker
1 Prise Salz
1 Päckchen
Vanillezucker
1 Ei
2 EL Milch
175 g Butter
$\frac{1}{8}$ l Schlagsahne

Für den Belag
300 g geriebener Zwieback
200 g gehackte Mandeln
125 g Zucker
1 Prise gemahlener Zimt
1 TL abgeriebene, unbe-
handelte Orangenschale
Außerdem
150 g zerlassene Butter
Puderzucker

Mehl und Backpulver vermischen und in eine Schüssel sieben. In die Mitte eine Vertiefung drücken. Zucker, Salz, Vanillezucker, Ei und Milch hineingeben und mit einem Teil des Mehls mischen. Die Butter in Stücke schneiden, auf den Brei geben und alle Zutaten gut verkneten. 30 Minuten kalt stellen. Den Teig ausrollen, auf ein gefettetes Backblech legen, mit Sahne bestreichen.

Den Zwieback mit Mandeln, Zucker, Zimt und Orangenschale vermischen, auf der Teigplatte verteilen. Bei 200 °C (Gas Stufe 3, Umluft 180 °C) 25 Minuten backen. Herausnehmen, mit zerlassener Butter beträufeln und mit Puderzucker bestäuben.

Süße Kreationen aus Hefeteig

Prasselkuchen

300 g Mehl	**Für den Belag**
20 g Hefe	250 g Aprikosenkonfitüre
3 EL Zucker	**Für die Streusel**
1/8 l lauwarme Milch	200 g Mehl
1 Messerspitze Salz	180 g Zucker
60 g Butterschmalz	1 Päckchen Vanillezucker
1/2 TL abgeriebene,	1 kräftige Prise Zimt
unbehandelte	150 g Butter
Zitronenschale	**Für die Glasur**
	150 g Puderzucker

Das Mehl in eine Schüssel sieben und in die Mitte eine Vertiefung drücken. Die zerbröckelte Hefe mit 1 TL Zucker in der Milch verquirlen und in die Vertiefung gießen. Etwas Mehl vom Rand unterrühren und einen breiartigen Vorteig herstellen. Zugedeckt 15 Minuten gehen lassen. Salz, das Butterschmalz in Flöckchen, den restlichen Zucker und die Zitronenschale auf dem Mehl-rand verteilen. Die Zutaten von der Mitte her verkneten. Nochmals zugedeckt 30 Minuten gehen lassen. Den Teig kräftig durchkneten, auf bemehlter Fläche ausrollen und auf das gefettete Backblech geben. Mehrmals mit einer Gabel einstechen und einen Rand hochziehen. Die Apri-kosenkonfitüre durch ein Sieb streichen und auf dem Teig verteilen.

Mehl, Zucker, Vanillezucker und Zimt vermischen. Die Butter in Flöckchen dazugeben. Mit den Händen oder mit zwei Gabeln alles zu Streuseln verarbeiten und auf der Aprikosenkonfitüre verteilen. Im vorgeheizten Backofen bei 200 °C (Gas Stufe 3, Umluft 180 °C) et-wa 30 Minuten backen. Den Puderzucker sieben und mit 2 EL Wasser verrühren. Den heißen Kuchen sofort mit der Glasur überziehen.

Streuselkuchen mit Rosinen

125 g Rosinen
3 EL Rum
500 g Mehl
30 g Hefe
70 g Zucker
1/4 l lauwarme Milch
1 Prise Salz
100 g Butter

Für die Streusel
250 g Zucker
250 g Mehl
250 g Butterschmalz
2 EL Kakao
Außerdem
100 g zerlassene Butter

Die Rosinen waschen, mit Rum begießen und zugedeckt ziehen lassen. Das Mehl in eine Schüssel sieben und in die Mitte eine Vertiefung drücken. Die zerbröckelte Hefe mit 1 TL Zucker in 1/8 l Milch verquirlen und in die Mulde gießen, etwas Mehl vom Rand dazugeben und einen breiartigen Vorteig herstellen. Zugedeckt 20 Minuten gehen lassen. Auf dem Mehlrand den restlichen Zucker, das Salz, die Butter und die Rosinen verteilen. Von der Mitte her zu einem geschmeidigen Teig verkneten, dabei die restliche Milch zugeben. Zugedeckt 30 Minuten gehen lassen. Den Teig nochmals durchkneten, auf bemehlter Fläche ausrollen und auf ein gefettetes Backblech geben. Mehrmals mit einer Gabel einstechen, einen Rand hochziehen.

Für die Streusel den Zucker, das gesiebte Mehl und das Butterschmalz vermengen. Die Hälfte der Streusel mit dem Kakao verarbeiten. Die weißen und dunklen Streusel auf dem Teig verteilen. Bei 200 °C (Gas Stufe 3, Umluft 180 °C) etwa 30 Minuten backen. Herausnehmen und mit zerlassener Butter beträufeln.

Zuckerkuchen mit Haselnüssen

500 g Mehl	1 Prise Salz
30 g Hefe	**Für den Belag**
1 EL Zucker	200 g Zucker
1/4 l lauwarme Milch	150 g gehackte Haselnüsse
1/2 TL abgeriebene, unbehandelte Zitronenschale	200 g Butter

Das Mehl in eine Schüssel sieben, in die Mitte eine Vertiefung drücken. Zerbröckelte Hefe und Zucker in 1/8 l Milch verrühren, in die Mulde gießen. Etwas Mehl vom Rand dazugeben und einen breiartigen Vorteig herstellen. Zugedeckt an einem warmen Ort 20 Minuten gehen lassen. Zitronenschale und Salz dazugeben und zusammen mit der restlichen Milch alles gut verkneten. Zugedeckt 45 Minuten gehen lassen. Den Teig nochmals kräftig durchkneten, auf bemehlter Fläche ausrollen und auf ein gefettetes Backblech legen. Mit einer Gabel mehrmals einstechen, einen Rand hochziehen. Zucker und Haselnüsse aufstreuen und die Butterflöckchen darauf verteilen. 10 Minuten gehen lassen. Im vorgeheizten Backofen bei 200 °C (Gas Stufe 3, Umluft 180 °C) etwa 25 Minuten backen.

Kartoffelkuchen

200 g Kartoffeln	1 TL abgeriebene,
500 g Mehl	unbehandelte
35 g Hefe	Zitronenschale
100 g Zucker	1 Ei
1/4 l lauwarme Milch	**Außerdem**
100 g Butter	100 g Butter
1 Prise Salz	Zimtzucker

Die Kartoffeln in der Schale kochen, pellen und durch die Kartoffelpresse drücken. Das Mehl in eine Schüssel sieben, in die Mitte eine Vertiefung drücken. Die zerbröckelte Hefe mit 1 TL Zucker in 1/8 l Milch verrühren, in die Vertiefung gießen, ein wenig Mehl darüber geben. Zugedeckt 20 Minuten gehen lassen. Auf dem Mehlrand den restlichen Zucker, die Butter in Flöckchen, Salz, Zitronenschale, das Ei und die durchgepressten Kartoffeln verteilen. Von der Mitte her die Zutaten zu einem glatten, geschmeidigen Teig verkneten, dabei die restliche Milch zugeben. Zugedeckt 30 Minuten gehen lassen. Den Teig nochmals durchkneten, auf bemehlter Fläche ausrollen und auf ein gefettetes Backblech legen. Im vorgeheizten Backofen bei 200 °C (Gas Stufe 3, Umluft 180°C) etwa 25 Minuten backen. Den heißen Kuchen sofort mit zerlassener Butter bestreichen und mit Zimtzucker bestreuen.

Lukullus-Quarkkuchen

500 g Mehl
30 g Hefe
3 EL Zucker
1/4 l lauwarme Milch
100 g Butter
1 Päckchen Vanillezucker
1 Prise Salz
Für den Belag
750 g abgetropften Quark
4 EL Schlagsahne

1 EL Zucker
200 g Kokosraspel
1 TL abgeriebene,
    unbehandelte
    Orangenschale
Für die Glasur
200 g Kokosfett
250 g Puderzucker
3 EL Kakao
2 Eier

Für den Teig das Mehl in eine Schüssel sieben, in die Mitte eine Vertiefung drücken. Die zerbröckelte Hefe mit 1 TL Zucker in etwas Milch verquirlen, in die Vertiefung gießen. Mehl darüber stäuben. Zugedeckt 20 Minuten gehen lassen. Den restlichen Zucker, die Butter in Flöckchen, den Vanillezucker und das Salz auf dem Mehlrand verteilen. Von der Mitte her alles zu einem glatten Teig verkneten, dabei die restliche Milch zugeben. Zugedeckt 30 Minuten gehen lassen. Den Teig auf bemehlter Fläche ausrollen, auf ein gefettetes Backblech legen und einen Rand hochziehen und mehrmals mit einer Gabel einstechen.

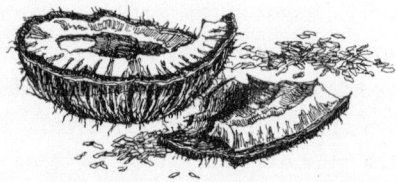

Für den Belag den Quark mit Sahne, Zucker, Kokosraspel und Orangenschale vermischen und auf dem Teig verteilen. Im vorgeheizten Backofen bei 200 °C (Gas Stufe 3, Umluft 180 °C) etwa 35 Minuten backen. Herausnehmen und auskühlen lassen. Das Kokosfett zum Schmelzen bringen und auskühlen lassen. Gesiebten Puderzucker, Kakao und Eier verrühren und das Fett allmählich zugeben. Den Kuchen damit überziehen.

Schokoladenkuchen

450 g Mehl
25 g Hefe
100 g Zucker
200 ml lauwarme Milch
100 g Butter
30 g Butterschmalz
1 Ei
1 Prise Salz

1 TL abgeriebene, unbe-
    handelte Zitronenschale
Für die Glasur
450 g Puderzucker
5 EL Kakao
2 Eier
100 g Kokosfett
2 TL Eiweiß

Das Mehl in eine Schüssel sieben. Die zerbröckelte Hefe mit 1 TL Zucker in 100 ml Milch verquirlen, in die
Vertiefung gießen, etwas Mehl vom Rand dazugeben und
einen breiartigen Vorteig herstellen. Zugedeckt an einem
warmem Ort 15 Minuten gehen lassen. Den restlichen
Zucker, Butter und Butterschmalz in Flöckchen, Ei, Salz
und Zitronenschale auf dem Mehlrand verteilen. Von der
Mitte her die Zutaten zu einem geschmeidigen Teig verkneten, dabei die restliche Milch zugeben. An einem
warmen Platz 30 Minuten gehen lassen. Kräftig durchkneten, auf bemehlter Fläche ausrollen und auf ein gefettetes Backblech legen. Im vorgeheizten Backofen bei
200 °C (Gas Stufe 3, Umluft 180 °C) etwa 25 Minuten
backen. Herausnehmen und auskühlen lassen.

350 g Puderzucker und Kakao sieben und mit den Eiern verrühren. Das Kokosfett zerlassen. Wenn es etwas abgekühlt ist, nach und nach unter die Puderzucker-Ei-Masse rühren. Den Kuchen damit überziehen und kalt stellen, bis die Glasur fest ist. Den restlichen Puderzucker sieben, mit dem Eiweiß glatt rühren und damit feine Zuckerfäden über die Schokoladenglasur ziehen.

Käsekuchen mit Schokolade

450 g Mehl	2 Eigelb
30 g Hefe	500 g abgetropfter Quark
50 g Zucker	200 g Crème fraîche
1/4 l lauwarme Milch	100 ml Schlagsahne
1 TL abgeriebene, unbe-	150 g gehackte Mandeln
handelte Zitronenschale	200 g Rosinen
1 Ei	**Für den Guss**
80 g Butter	250 g Puderzucker
Für den Belag	3 EL Kakao
2 Eier	20 g weiche Butter

Das Mehl in eine Schüssel sieben, in die Mitte eine Vertiefung drücken. Die zerbröckelte Hefe und den Zucker in 1/8 l Milch verquirlen, hineingießen und mit etwas Mehl

vom Rand einen breiartigen Vorteig herstellen. Zugedeckt 20 Minuten gehen lassen. Zitronenschale, Ei und Butter in Flöckchen auf dem Mehlrand verteilen. Von der Mitte her die Zutaten gut verkneten, dabei die restliche Milch zufügen. Zugedeckt 45 Minuten gehen lassen. Inzwischen für den Belag Eier, Eigelb, Quark, Crème fraîche und Schlagsahne verrühren.

Den Teig nochmals durchkneten und auf bemehlter Fläche ausrollen. Ein Backblech einfetten, den Teig auflegen und einen Rand hochziehen, mit einer Gabel mehrmals einstechen. Mandeln und Rosinen auf den Teig streuen und die Quarkmasse darauf verteilen. Im vorgeheizten Backofen bei 200 °C (Gas Stufe 3, Umluft 180 °C) etwa 35 Minuten backen. Herausnehmen und auskühlen lassen. Für den Guss den Puderzucker in eine Schüssel sieben, Kakao, 2 EL heißes Wasser und die Butter zufügen und alles glattrühren. Den Kuchen damit bestreichen.

Klecckselkuchen

450 g Mehl
30 g Hefe
100 g Zucker
1/4 l lauwarme Milch
1 Prise Salz
50 g Butter

Für die Quarkmasse

100 g Rosinen
4 EL Weinbrand
500 g abgetropfter
   Quark
3 Eigelb
50 g Butter
125 g Zucker
2 EL Milch
1 EL Speisestärke
2 EL Zitronensaft

Für die Mohnmasse

50 g Butter
200 g gemahlener Mohn
2 EL gemahlene Mandeln
1/8 l Milch
3 EL Zwiebackbrösel
3 EL Zucker
1 Messerspitze Zimt

Für die Streusel

100 g Mehl
100 g Zucker
1 kräftige Prise Zimt
100 g Butter

Außerdem

4 säuerliche Äpfel
4 EL Zitronensaft
100 g Puderzucker

Das Mehl in eine Schüssel sieben und in die Mitte eine
Vertiefung drücken. Die zerbröckelte Hefe mit 1 TL
Zucker in 1/8 l Milch verquirlen und in die Vertiefung
gießen. Etwas Mehl vom Rand dazugeben und einen breiartigen Vorteig rühren. Zugedeckt 20 Minuten gehen las-

sen. Den restlichen Zucker, das Salz und die Butter auf dem Mehlrand verteilen. Alles von der Mitte her verkneten, dabei die restliche Milch einarbeiten. Den Teig so lange kneten, bis er Blasen wirft. Er muß weich bleiben. Sollte er kleben, noch etwas Mehl zugeben. Zugedeckt 45 Minuten gehen lassen.

Für die Quarkmasse die Rosinen in Weinbrand einweichen. Den Quark durch ein Sieb streichen. Eigelb, Butter und Zucker schaumig schlagen. Milch und nach und nach den Quark unterrühren. Speisestärke, Zitronensaft und Rosinen zugeben. Die Masse schlagen, bis sie cremig ist.

Für die Mohnmasse in einem Topf die Butter schmelzen, Mohn, Mandeln und Milch zugeben und verrühren. Das Ganze zum Kochen bringen, 5 Minuten unter Rühren köcheln lassen. Zwiebackbrösel, Zucker und Zimt zufügen und alles nochmals kurz aufkochen, dann vom Herd nehmen und auskühlen lassen. Damit sich keine Haut bildet, mehrmals umrühren.

Den Teig nochmals kräftig durchkneten und auf bemehlter Fläche ausrollen. Das Backblech einfetten, den Teig daraufgeben, einen Teigrand hochziehen, die Teigplatte mehrmals mit einer Gabel einstechen. Mit einem Esslöffel die Quark- und Mohnmasse abwechselnd darauf »klecksen«.

Die Äpfel schälen, in Spalten schneiden, dabei das Kernhaus entfernen. Die Apfelspalten mit Zitronensaft beträufeln und zwischen den Quark- und Mohnklecksen anordnen. Für die Streusel Mehl, Zucker und Zimt vermischen. Butterflöckchen zugeben. Mit zwei Gabeln oder mit den Händen die Zutaten zu Streuseln vermengen und auf den Kuchen streuen. Im vorgeheizten Backofen bei 200 °C (Gas Stufe 3, Umluft 180 °C) etwa 40 Minuten backen. Herausnehmen und mit Puderzucker bestäuben.

Dresdner Eierschecke

500 g Mehl
30 g Hefe
125 g Zucker
1/4 l lauwarme Milch
150 g Butter
1 Päckchen Vanillezucker
1 Prise Salz
Für den Belag
100 g Butter
200 g Zucker
3 Eier
1 kg abgetropfter Quark

1 Päckchen
   Vanille-Puddingpulver
1/2 TL abgeriebene, unbehandelte Zitronenschale
1 Prise Salz
2 EL geriebene Mandeln
Für die Creme
1 EL Speisestärke
100 g Zucker
5 Eier
50 g Butter
3 EL Weinbrand

Das Mehl in eine Schüssel sieben, in die Mitte eine Vertiefung drücken. Die zerbröckelte Hefe und 1 TL Zucker in $1/8$ l Milch verrühren, in die Mulde gießen, etwas Mehl vom Rand dazugeben und einen breiartigen Vorteig herstellen. Zugedeckt an einem warmen Ort 20 Minuten gehen lassen. Den restlichen Zucker, die Butter, den Vanillezucker und das Salz auf den Mehlrand geben. Von der Mitte her die Zutaten verkneten, dabei die restliche Milch zufügen. Zugedeckt 30 Minuten gehen lassen. Den Teig nochmals kräftig durchkneten, auf bemehlter Fläche ausrollen und auf ein gefettetes Backblech legen. Einen Rand hochziehen und die Teigplatte mit einer Gabel mehrmals einstechen.

Für den Belag die Butter schaumig schlagen, nach und nach Zucker, Eier, Quark, Puddingpulver, Zitronenschale, Salz und Mandeln untermischen. Die Masse auf den Teig streichen.

Für die Creme Speisestärke mit Zucker, Eiern und Butter verrühren. Den Weinbrand zugeben. Die Masse im heißen Wasserbad so lange schlagen, bis sie dickcremig ist. Die Creme auf der Quarkmasse verteilen. Im vorgeheizten Backofen bei 200 °C (Gas Stufe 3, Umluft 180 °C) etwa 45 Minuten backen. Die Oberhitze reduzieren oder den Kuchen mit Alufolie abdecken, damit die Eiercreme nicht zu dunkel wird.

Apfelkuchen mit Guss

450 g Mehl
30 g Hefe
100 g Zucker
200 ml lauwarme Milch
100 g Butter
1 Ei
1 Prise Salz
1 TL abgeriebene, unbe-
   handelte Zitronenschale

Für den Belag

Je 2 EL Sultaninen
   und Korinthen
4 EL Rum
1/2 Päckchen
   Sahne-Puddingpulver

3 EL Zucker
1/8 l Milch
1/8 l Schlagsahne
200 g abgetropfter
   Sahnequark
100 g Crème fraîche
2 Eigelb
1 TL abgeriebene, unbe-
   handelte Zitronenschale
2 kg Äpfel
Saft von 1 Zitrone
150 g gehackte Mandeln

Außerdem

100 g Butter
2 EL Zucker

Das Mehl in eine Schüssel sieben, in die Mitte eine Vertiefung drücken. Die zerbröckelte Hefe mit 1 TL Zucker in 100 ml Milch verquirlen, in die Vertiefung gießen, etwas Mehl vom Rand dazugeben und zu einem Brei verrühren. Zugedeckt an einem warmen Platz 20 Minuten gehen lassen. Auf dem Mehlrand den restlichen Zucker, die Butter in Flöckchen, das Ei, das Salz und die Zitronenschale verteilen. Die Zutaten von der Mitte her zu einem glatten und geschmeidigen Teig verkneten, dabei die restliche Milch zufügen. 45 Minuten gehen lassen.

Für den Belag Sultaninen und Korinthen waschen, abtropfen lassen und mit dem Rum beträufeln. Das Puddingpulver mit dem Zucker in etwas kalter Milch verrühren. Die restliche Milch mit der Sahne zum Kochen bringen, das angerührte Puddingpulver einrühren, aufwallen lassen, vom Herd nehmen und auskühlen lassen. Dabei ab und zu umrühren, damit sich keine Haut bildet. Quark und Crème fraîche in eine Schüssel geben, Eigelb, Zitronenschale und Pudding zugeben. Alles gut verrühren. Die Äpfel schälen, in Spalten schneiden, dabei das Kernhaus entfernen. Mit Zitronensaft beträufeln.

Den Teig kräftig durchkneten und auf bemehlter Fläche ausrollen. Ein Backblech einfetten, den Teig auflegen, mit einer Gabel mehrmals einstechen, einen Rand hochziehen. Die Quarkmasse aufstreichen, darauf die Apfel·

spalten dicht anordnen. Mit Rosinen, Korinthen und Mandeln bestreuen. Butterflöckchen darauf verteilen, den Zucker aufstreuen. In einem vorgeheizten Backofen bei 200 °C (Gas Stufe 3, Umluft 180 °C) etwa 35 Minuten backen.

Rupfkuchen

400 g Mehl	125 g Rosinen
25 g Hefe	125 g gehackte Mandeln
80 g Zucker	1 1/2 kg Johannisbeeren
200 ml lauwarme Milch	250 g Kokosraspel
100 g weiche Butter	100 g Mehl
1 Prise Salz	1 Ei
1 Päckchen Vanillezucker	125 g Butter
Für den Belag	125 g saure Sahne
1 Päckchen	**Für die Glasur**
Vanille-Puddingpulver	200 g Puderzucker
1/2 l Milch	4 EL Kakao
300 g Zucker	50 g Kokosfett

Für den Teig das Mehl in eine Schüssel sieben, in die Mitte eine Vertiefung drücken. Die zerbröckelte Hefe mit 1 TL Zucker in etwas Milch verrühren, in die Vertiefung gießen, Mehl darüber stäuben. Zugedeckt 20 Minuten gehen lassen. Auf dem Mehlrand den restlichen Zucker, die Butter in Flöckchen, das Salz und den Vanillezucker verteilen. Alles zu einem glatten Teig verkneten, dabei die restliche Milch zufügen. Zugedeckt an einem warmen Ort 30 Minuten gehen lassen.

Für den Belag das Puddingpulver in etwas kalter Milch verrühren. Die restliche Milch mit 3 EL Zucker zum Kochen bringen, das Puddingpulver mit dem Schneebesen einrühren, kurz aufkochen lassen, vom Herd nehmen und kalt stellen. Ab und zu umrühren, damit sich keine Haut bildet. Die Rosinen waschen, trockentupfen und zusammen mit den Mandeln in den Pudding rühren. Die Johannisbeeren waschen und von den Rispen streifen.

Den Teig nochmals kräftig durchkneten, auf bemehlter Fläche ausrollen und auf das gefettete Backblech geben. Einen Rand hochziehen, den Teig mit einer Gabel mehrmals einstechen. Den Pudding aufstreichen und mit den Beeren belegen.

Die Kokosraspel mit dem restlichen Zucker, dem Mehl, dem Ei, der Butter und der sauren Sahne verrühren. Mit einem Löffel kleine Fladen auf die Beeren setzen. Den Kuchen im vorgeheizten Backofen bei 200 °C (Gas Stufe 3, Umluft 180 °C) etwa 40 Minuten backen. Herausnehmen und auskühlen lassen.

Für die Glasur Puderzucker sieben und mit Kakao, 2 EL heißem Wasser und zerlassenem, ausgekühlten Kokosfett verrühren. Die Glasur in spiralförmigen Mustern auf dem Kuchen verteilen.

Gefüllter Bienenstich

500 g Mehl
30 g Hefe
100 g Zucker
$^1/_4$ l lauwarme Milch
1 TL abgeriebene, unbe-
  handelte Zitronenschale
100 g weiche Butter
2 Eier
Für den Belag
120 g Butter
150 g Zucker

3 EL Honig
2 EL Schlagsahne
250 g Mandelblättchen
Für die Füllung
2 Päckchen
  Mandel-Puddingpulver
$^1/_2$ l Milch
$^1/_2$ l Schlagsahne
2 EL Zucker
4 EL Mandellikör
200 g Aprikosenkonfitüre

Für den Teig das Mehl in eine Schüssel sieben, in die Mitte eine Vertiefung drücken. Die zerbröckelte Hefe mit 1 TL Zucker in etwas Milch verquirlen, in die Vertiefung gießen und Mehl darüber stäuben. Zugedeckt an einem warmen Ort 20 Minuten gehen lassen. Zitronenschale, den restlichen Zucker, die Butter in Flöckchen und die Eier auf dem Mehlrand verteilen. Von der Mitte her die Zutaten zu einem geschmeidigen Teig verkneten, dabei die restliche Milch zugeben. 30 Minuten an einem warmen Ort gehen lassen.

Für den Belag Butter, Zucker, Honig und Sahne zum Kochen bringen, die Mandeln einrühren, kalt stellen. Den Teig auf bemehlter Fläche ausrollen. Ein Backblech einfetten, den Teig darauf geben und den Belag aufstreichen. Im vorgeheizten Backofen bei 180 °C (Gas Stufe 2, Umluft 160 °C) 35 Minuten backen.

Für die Creme das Puddingpulver mit etwas kalter Milch glatt rühren. Die restliche Milch mit der Schlagsahne und dem Zucker zum Kochen bringen, das angerührte Puddingpulver zufügen und einige Male aufwallen lassen. Den Likör einrühren, kalt stellen.

Den Kuchen auf die Seite mit dem Mandelbelag stürzen und waagerecht durchschneiden, so dass zwei Teigplatten entstehen. Die Aprikosenkonfitüre leicht erwärmen und auf den unteren Boden streichen. Darauf die Creme geben, und mit der Mandel-Teigplatte bedecken. Kalt stellen.

Kirschkuchen mit Streuseln

500 g Mehl
30 g Hefe
4 EL Zucker
1/4 l lauwarme Milch
100 g Butter
1 Ei
1 Prise Salz
1 TL abgeriebene,
    unbehandelte
    Zitronenschale
1 Prise Muskat

Für den Belag
1 1/2 kg entsteinte
    Sauerkirschen
Für die Streusel
200 g Mehl
200 g Zucker
175 g Butterschmalz
100 g gemahlene Mandeln
1 TL Zimt
1 Prise Salz
Außerdem
Zucker

Das Mehl in eine Schüssel sieben, in die Mitte eine Vertiefung drücken. Die zerbröckelte Hefe mit 1 TL Zucker in 1/8 l Milch verquirlen und in die Vertiefung geben. Etwas Mehl vom Rand zugeben und einen breiartigen Vorteig rühren. Zugedeckt 20 Minuten gehen lassen. Den restlichen Zucker, die Butter in Flöckchen, das Ei, das Salz, die Zitronenschale und den Muskat auf dem Mehlrand verteilen. Von der Mitte her alle Zutaten miteinander verkneten, dabei die restliche Milch zufügen. Zugedeckt 45 Minuten gehen lassen. Den Teig nochmals gut durchkneten, ausrollen und auf das gefettete Backblech geben. Einen Rand hochziehen, mit einer Gabel mehrmals einstechen und mit den abgetropften Kirschen belegen. Aus Mehl, Zucker, Butterschmalz, Mandeln, Zimt und Salz Streusel bereiten und auf den Kirschen verteilen. Bei 200 °C (Gas Stufe 3, Umluft 180 °C) etwa 35 Minuten backen. Sofort mit Zucker bestreuen.

Brombeerkuchen

400 g Mehl
25 g Hefe
100 g Zucker
200 ml lauwarme Milch
100 g Butter
1 Ei
1 Prise Salz
1/2 TL abgeriebene,
   unbehandelte
   Zitronenschale
Für den Belag
1 kg Brombeeren
100 g abgetropfter
   Sahnequark

150 g Crème fraîche
1 Eigelb
2 Päckchen Vanillezucker
1 Messerspitze
   abgeriebene, unbe-
   handelte Orangenschale
Für die Streusel
200 g Mehl
150 g Zucker
1 Eigelb
175 g Butterschmalz
Außerdem
Puderzucker

Das Mehl in eine Schüssel sieben, in die Mitte eine Vertiefung drücken. Die zerbröckelte Hefe und 1 TL Zucker in 100 ml Milch verrühren, in die Vertiefung gießen, etwas Mehl vom Rand zufügen und einen breiartigen Vorteig bereiten. Zugedeckt an einen warmen Platz stellen und 20 Minuten gehen lassen.

Auf dem Mehlrand den restlichen Zucker, die Butter in Flöckchen, das Ei, das Salz und die Zitronenschale verteilen. Von der Mitte her die Zutaten zu einem glatten, geschmeidigen Teig verkneten, dabei die restliche Milch zufügen. Zugedeckt an einen warmen Platz stellen und 45 Minuten gehen lassen. Den Teig nochmals kräftig durchkneten, auf bemehlter Fläche ausrollen, auf ein gefettetes Backblech geben, einen Rand hochziehen. Den Teig mit einer Gabel mehrmals einstechen.

Die Brombeeren waschen und abtropfen lassen. Den Sahnequark mit Crème fraîche, Eigelb, Vanillezucker und Orangenschale verrühren. Die Quarkmasse auf den Teig streichen und mit den Brombeeren belegen.

Aus Mehl, Zucker, Eigelb und Butterschmalz mit zwei Gabeln oder den Händen Streusel bereiten und auf den Brombeeren verteilen. Den Kuchen im vorgeheizten Backofen bei 200 °C (Gas Stufe 3, Umluft 180 °C) etwa 30 Minuten backen. Herausnehmen, auskühlen lassen und mit Puderzucker bestäuben.

Heidelbeerkuchen mit Schmand

300 g Mehl
20 g Hefe
50 g Zucker
1/8 l lauwarme Milch
80 g Butter
1 Ei

Für den Belag

1 kg Heidelbeeren
500 g abgetropfter Quark
1/8 l Schlagsahne

1 Ei
2 EL Speisestärke
3 EL Zucker
1/2 TL abgeriebene, unbe-
    handelte Zitronenschale
Saft von 1/2 Zitrone

Für den Guss

500 g Schmand
2 Eier
100 g Zucker

Für den Teig das Mehl in eine Schüssel sieben und in die Mitte eine Vertiefung drücken. Die zerbröckelte Hefe mit dem Zucker in der Milch verquirlen und in die Vertiefung gießen. Etwas Mehl vom Rand zugeben und einen brei-artigen Vorteig rühren. Zugedeckt an einem warmen Ort 15 Minuten gehen lassen. Auf dem Mehlrand die Butter in Flöckchen und das Ei verteilen. Die Zutaten von der Mitte her zu einem glatten Teig verkneten. Zugedeckt 45 Minuten gehen lassen. Den Teig kräftig durchkneten, auf bemehlter Fläche ausrollen und auf ein gefettetes Blech legen. Einen Rand hochziehen und mit einer Gabel mehr-mals einstechen.

Die Heidelbeeren waschen und abtropfen lassen. Den Quark mit Schlagsahne, Ei, Speisestärke, Zucker, Zitronenschale und Zitronensaft verrühren. Die Quarkmasse auf den Teig streichen und mit den Heidelbeeren belegen.

Für den Guss den Schmand mit Eiern und Zucker verrühren und die Heidelbeeren damit überziehen. Im vorgeheizten Backofen bei 200 °C (Gas Stufe 3, Umluft 180 °C) etwa 35 Minuten backen. Herausnehmen und auskühlen lassen.

Variante: Anstelle von Heidelbeeren können auch Äpfel (in Scheibchen geschnitten), Johannisbeeren, Stachelbeeren, Kirschen oder Rhabarber verwendet werden.

Pflaumenkuchen mit Leinöl

500 g Mehl	1 Prise Salz
20 g Hefe	**Für den Belag**
200 g Zucker	1 $1/2$ kg Pflaumen
200 ml lauwarme Milch	100 ml Leinöl
200 g Butter	**Außerdem**
2 Eier	125 g Zucker

Für den Teig das Mehl in eine Schüssel sieben, in die Mitte eine Vertiefung drücken. Die zerbröckelte Hefe mit 1 TL Zucker in etwas Milch verquirlen, in die Mulde gießen, Mehl darüber stäuben und zu einem Brei rühren. Zugedeckt 20 Minuten gehen lassen. Auf dem Mehlrand den restliche Zucker, die Butter in Flöckchen, die Eier und das Salz verteilen. Von der Mitte her die Zutaten zu einem geschmeidigen Teig verkneten, dabei die restliche Milch zugeben. 30 Minuten gehen lassen.

Für den Belag die Pflaumen waschen, halbieren, entsteinen und einschneiden. Den Teig durchkneten, auf bemehlter Fläche ausrollen und auf ein gefettetes Backblech legen. Die Pflaumen darauf verteilen, das Leinöl darüber träufeln. Im vorgeheizten Backofen bei 200 °C (Gas Stufe 3, Umluft 180 °C) etwa 35 Minuten backen. Herausnehmen und sofort mit Zucker bestreuen.

Apfel-Schmand-Kuchen

500 g Mehl

30 g Hefe

80 g Zucker

1/4 l lauwarme Milch

1 Prise Salz

80 g Butter

Für den Belag

500 g abgetropfter Quark

2 Eier

1 EL Mehl

4 EL Zucker

1 Päckchen Vanillezucker

3 EL Schlagsahne

100 ml Milch

2 kg Äpfel

Saft von 2 Zitronen

Für den Guss

500 g Schmand

2 Eier

1 EL Mehl

80 g Zucker

Das Mehl in eine Schüssel sieben, in die Mitte eine Vertiefung drücken. Die zerbröckelte Hefe mit 1 TL Zucker in 1/8 l Milch verrühren, hineingießen, etwas Mehl vom Rand zugeben, einen breiartigen Vorteig herstellen. Zugedeckt an einem warmen Ort 20 Minuten gehen lassen. Den restlichen Zucker, das Salz und die Butterflöckchen auf dem Mehlrand verteilen, alles gut verkneten, dabei die restliche Milch zugeben. 45 Minuten gehen lassen. Für den Belag den Quark in eine Schüssel geben und mit Eiern, Mehl, Zucker, Vanillezucker, Schlagsahne und Milch verrühren. Die Äpfel schälen, in Spalten schneiden, das Kernhaus entfernen. Die Apfelspalten mit Zitronensaft beträufeln. Für den Guss den Schmand in einer Schüssel mit Eiern, Mehl und Zucker verrühren. Den Teig kräftig durchkneten, auf bemehlter Fläche ausrollen und auf das gefettete Backblech legen. Einen Rand hochziehen, mit einer Gabel mehrmals einstechen. Die Quarkmasse aufstreichen, die Apfelspalten darauf anordnen und den Guss darüber geben.

Im vorgeheizten Backofen bei 200 °C (Gas Stufe 3, Umluft 180 °C) etwa 45 Minuten backen.

Nusskuchen

450 g Mehl
25 g Hefe
100 g Zucker
200 ml lauwarme Milch
1 Ei
1/2 TL abgeriebene, unbehandelte Zitronenschale
Für den Belag
200 g gehackte Walnusskerne

150 g gemahlene Haselnüsse
125 g Zucker
375 g Schmand
1 EL Speisestärke
1 Päckchen Vanillezucker
3 EL Honig
80 g Butter
Für den Guss
400 g Aprikosenkonfitüre
6 EL Rum

Das Mehl in eine Schüssel sieben, in die Mitte eine Vertiefung drücken. Die zerbröckelte Hefe mit 1 TL Zucker in 100 ml Milch verrühren, in die Vertiefung gießen, etwas Mehl vom Rand zufügen und zu einem breiartigen Vorteig verrühren. Zugedeckt an einen warmen Platz stellen und 20 Minuten gehen lassen. Auf dem Mehlrand den restlichen Zucker, das Ei und die Zitronenschale verteilen. Von der Mitte her die Zutaten zu einem glatten, geschmeidigen Teig verkneten, dabei die restliche Milch zufügen. Zugedeckt an einem warmen Ort 45 Minuten gehen lassen.

Inzwischen die gehackten Walnusskerne mit den Haselnüssen und dem Zucker vermischen. Den Schmand mit der Speisestärke, dem Vanillezucker und dem Honig verrühren. Den Teig noch einmal kräftig durchkneten, auf bemehlter Fläche ausrollen und auf ein gefettetes Backblech legen. Einen Rand hochziehen, den Boden mit einer Gabel mehrmals einstechen. Die Schmand-Honig-Masse aufstreichen und die Nussmischung aufstreuen. Zum Schluss Butterflöckchen darauf verteilen. Bei 200 °C (Gas Stufe 3, Umluft 180 °C) etwa 30 Minuten backen. Herausnehmen und etwas abkühlen lassen.

Für den Guss die Aprikosenkonfitüre durch ein Sieb streichen, leicht erwärmen und mit dem Rum vermischen. Den lauwarmen Kuchen damit überziehen.

Rosenkuchen

500 g Mehl
30 g Hefe
100 g Zucker
200 ml lauwarme Milch
1 Ei
125 g Butter
1/2 TL abgeriebene,
  unbehandelte
  Zitronenschale

Für die Füllung
100 g weiche Butter
125 g Zucker
2 Päckchen Vanillezucker
250 g gehackte Mandeln
125 g Rosinen
100 g Korinthen
Außerdem
Milch
6 EL Johannisbeergelee

Das Mehl in eine Schüssel sieben, in die Mitte eine Vertiefung drücken. Die zerbröckelte Hefe mit 1 TL Zucker in 100 ml Milch verquirlen, in die Vertiefung gießen, etwas Mehl vom Rand zufügen und einen breiartigen Vorteig herstellen. Zugedeckt an einem warmen Ort 20 Minuten gehen lassen. Den restlichen Zucker, das Ei, die Butter in Flöckchen und die Zitronenschale auf dem Mehlrand verteilen. Von der Mitte her die Zutaten verkneten, dabei die restliche Milch zugeben. So lange kneten, bis sich der Teig vom Schüsselrand löst. Zugedeckt an einen warmen Platz stellen und 45 Minuten gehen lassen.

Den Teig noch einmal kräftig durchkneten, auf bemehlter Fläche zu einem Rechteck ausrollen und mit Butter bestreichen. Zucker, Vanillezucker, Mandeln, Rosinen und Korinthen darauf verteilen. Die Teigplatte gleichmäßig von der Längsseite her aufrollen. Die Teigrolle in 1 1/2 Zentimeter dicke Scheiben schneiden. Die Scheiben mit der Schnittfläche nach oben nebeneinander auf ein gefettetes Backblech setzen und mit Milch bestreichen. 15 Minuten gehen lassen. Im vorgeheizten Backofen bei 200 °C (Gas Stufe 3, Umluft 180 °C) etwa 35 Minuten backen. Herausnehmen und mit leicht erwärmtem Johannisbeergelee überziehen.

Variante: Statt mit Mandeln kann man den Rosenkuchen auch mit einer Nussmasse füllen. Dazu vermischt man 1 Eiweiß, 200 g gemahlene Nüsse, 100 g Zucker, 4 bis 5 EL Sahne, 65 g Sultaninen, 1/2 TL Zimt und 2 EL Rum. Diese Masse wird statt der Mandelfüllung auf den ausgerollten Teig gestrichen.

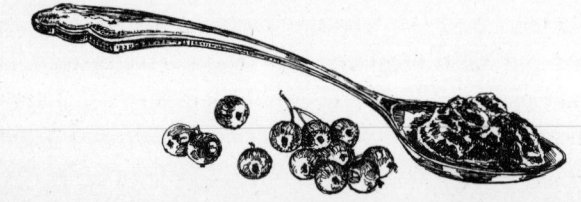

Milchzopf

1 kg Mehl	2 TL abgeriebene, unbe-
60 g Hefe	handelte Orangenschale
125 g Zucker	4 EL Weinbrand
1/2 l lauwarme Buttermilch	**Außerdem**
150 g weiche Butter	2 Eigelb
1/2 TL Salz	2 EL lauwarme Milch

Das Mehl in eine Schüssel sieben, in die Mitte eine Vertiefung drücken. Die Hefe zerbröckeln und mit etwas Zucker in die Vertiefung geben. Buttermilch zugießen, Mehl darüber stäuben und zu einem Brei verrühren. Zugedeckt 30 Minuten gehen lassen. Die Butter, den restlichen Zucker, das Salz, die Orangenschale und den Weinbrand zugeben und alles zu einem glatten Teig verkneten. Den Teig so lange kneten, bis er sich vom Schüsselrand löst. Zugedeckt 30 Minuten gehen lassen.

Den Teig auf bemehlter Fläche nochmals durchkneten und in drei gleich große Stücke teilen. Daraus einen Zopf flechten. Ein Backblech einfetten, den Zopf auflegen. Eigelb und Milch verrühren, den Zopf damit bestreichen und weitere 10 Minuten gehen lassen. Im vorgeheizten Backofen bei 180 °C (Gas Stufe 2, Umluft 160 °C) etwa 35 Minuten backen.

Saftiges vom Blech aus Quark-Öl-Teig

Birnenkuchen mit Käsecreme

150 g abgetropfter Quark
6 EL Milch
6 EL Öl
100 g Zucker
$1/2$ TL abgeriebene,
   unbehandelte
   Zitronenschale
1 Prise Salz
1 Ei
400 g Mehl
1 Päckchen Backpulver

Für den Belag
1 $1/2$ kg Birnen
Saft von 1 Zitrone
4 Eier (getrennt)
150 g Zucker
30 g Speisestärke
500 g abgetropfter Quark
100 g gehackte Mandeln
80 g Butter
Außerdem
150 g Zartbitterkuvertüre

Den Quark durch ein Sieb streichen und mit Milch, Öl, Zucker, Zitronenschale, Salz und Ei verrühren. Mehl und Backpulver vermischen und nach und nach in die Quarkmasse einarbeiten. Den Teig auf bemehlter Fläche ausrollen und auf ein gefettetes Backblech legen.

Für den Belag die Birnen schälen, in Spalten schneiden, dabei das Kernhaus entfernen. Die Spalten mit Zitronensaft beträufeln. Eigelb, Zucker, Speisestärke und Quark verrühren. Das Eiweiß steif schlagen und unterheben. Die Quarkcreme auf den Teig streichen, die Birnenspalten darauf verteilen und alles mit gehackten Mandeln bestreuen. Die Butter in Flöckchen darauf setzen. Im vorgeheizten Backofen bei 200 °C (Gas Stufe 3, Umluft 180 °C) etwa 40 Minuten backen. Herausnehmen und abkühlen lassen. Die Kuvertüre im warmen Wasserbad schmelzen und in einem dünnen Strahl, sodass feine Linien entstehen, über den Kuchen gießen.

Rahmstreuselkuchen

200 g abgetropfter Quark	**Für die Streusel**
1/8 l Öl	250 g Butter
100 ml Milch	200 g Zucker
1 Ei	350 g Mehl
3 EL Zucker	2 Päckchen Vanillezucker
1 Prise Salz	1 Prise Salz
400 g Mehl	250 g saure Sahne
2 gestr. TL Backpulver	**Außerdem**
	Puderzucker

Den Quark mit Öl, Milch, Ei, Zucker und Salz verrühren. Mehl und Backpulver vermischen und nach und nach in die Quarkmasse einarbeiten. Den Teig auf bemehlter Fläche ausrollen und auf ein gefettetes Backblech legen. Aus Butter, Zucker, Mehl, Vanillezucker, Salz und saurer Sahne Streusel bereiten. Auf dem Teig verteilen. Bei 200 °C (Gas Stufe 3, Umluft 180 °C) 25 Minuten backen. Auskühlen lassen, mit Puderzucker bestäuben.

Nusskuchen mit Schokolade

175 g abgetropfter Quark
1 Ei
5 EL Milch
8 EL Öl
4 EL Zucker
1 Päckchen Vanillezucker
1 Prise Salz
350 g Mehl
3 gestr. TL Backpulver
Für den Belag
300 g Butter
250 g Zucker
300 g gehackte Haselnüsse

2 Eier
4 EL Milch
Für die Decke
1 Päckchen
    Schokoladen-
    Puddingpulver
$1/2$ l Milch
1 EL Zucker
100 g Nougat
250 g Butter
50 g Kokosfett
Außerdem
200 g Zartbitterkuvertüre

Für den Teig den abgetropften Quark durch ein Sieb in eine Schüssel streichen. Mit Ei, Milch, Öl, Zucker, Vanillezucker und Salz verrühren. Mehl und Backpulver vermischen und nach und nach zur Quarkmasse geben. Gut verkneten. Ein Backblech einfetten, den ausgerollten Teig darauf geben.

Für den Belag die Butter erhitzen, Zucker und Haselnüsse dazu geben. Einige Male aufwallen lassen, vom Herd nehmen, etwas auskühlen lassen. Eier und Milch einrühren, die Masse auf dem Teig verteilen. Im vorgeheizten Backofen bei 200 °C (Gas Stufe 3, Umluft 180 °C) etwa 35 Minuten backen. Herausnehmen und auskühlen lassen.

Für die Decke das Puddingpulver in etwas kalter Milch glatt rühren. Die restliche Milch mit dem Zucker zum Kochen bringen, das angerührte Puddingpulver hineingeben und unter Rühren aufkochen lassen. Vom Herd nehmen, Nougat einrühren und glatt rühren. So lange kalt stellen, bis der Pudding Zimmertemperatur erreicht hat. Ab und zu umrühren, damit sich keine Haut bildet. Die Butter schaumig schlagen, nach und nach den Pudding einrühren. Zuletzt zerlassenes, ausgekühltes Kokosfett einrühren und kalt stellen. Die Creme auf den Kuchen streichen. Zartbitterkuvertüre im warmen Wasserbad schmelzen und damit Muster über die Creme ziehen.

Gedeckter Quarkkuchen

200 g abgetropfter Quark
6 EL Milch
8 EL Öl
4 EL Zucker
1/2 TL abgeriebene, unbe-
    handelte Zitronenschale
1 Ei
1 Prise Salz
350 g Mehl
1 Päckchen Backpulver
Für die Quarkmasse
Je 75 g Korinthen
    und Sultaninen
4 EL Weinbrand
100 g Butter
200 g Zucker
4 Eier
1 kg abgetropfter Quark

1 Päckchen
    Mandel-Puddingpulver
100 ml Milch
1 kräftige Prise Salz
1 TL abgeriebene, unbe-
    handelte Orangenschale
Für die Decke
80 g Butter
80 g Zucker
1 Päckchen Vanillezucker
3 geriebene bittere Mandeln
1 Prise Salz
4 Eier (getrennt)
3 EL Weinbrand
Außerdem
Fein geschnittene
    Orangenschale

Den Quark mit Milch, Öl, Zucker, Zitronenschale, Ei und
Salz verrühren. Mehl und Backpulver vermischen und
unter die Quarkmasse kneten. Den Teig ausrollen, auf
ein gefettetes Blech legen, einen Rand hochziehen.

Die Korinthen und Sultaninen mit Weinbrand beträufeln. Die Butter schaumig schlagen, Zucker, Eier, Quark, Puddingpulver, Milch, Salz, Orangenschale, Korinthen und Sultaninen einrühren. Die cremige Masse auf den Teig streichen.

Für die Decke die Butter schaumig schlagen. Zucker, Vanillezucker, Mandeln, Salz, Eigelb und Weinbrand unterrühren. Das Eiweiß steif schlagen und vorsichtig unterheben. Die Schaummasse auf den Quark streichen. Bei 200 °C (Gas Stufe 3, Umluft 180 °C) etwa 45 Minuten backen. Herausnehmen, auskühlen lassen, mit Orangenschale garnieren.

Makronenkuchen mit Guss

150 g abgetropfter Quark
5 EL Milch
8 EL Öl
3 El Zucker
1 Päckchen Vanillezucker
1 Ei
1 Prise Salz
400 g Mehl
3 gestr. TL Backpulver

Für den Belag
400 g Butter
300 g Zucker
3 EL Honig
400 g Kokosraspel
4 EL Milch
Für den Guss
250 g weiße Kuvertüre

Den Quark durch ein Sieb streichen. Mit Milch, Öl, Zucker, Vanillezucker, Ei und Salz verrühren. Mehl und Backpulver vermischen, nach und nach unter die Quarkmasse kneten. Teig ausollen und auf ein gefettetes Blech legen.

Für den Belag die Butter in einem Topf zerlassen, mit Zucker und Honig verrühren. Die Kokosraspel und die Milch zugeben. Die Masse etwas auskühlen lassen und auf dem Teig verteilen. Im vorgeheizten Backofen bei 180 °C (Gas Stufe 2, Umluft 160 °C) etwa 40 Minuten backen. Herausnehmen und auskühlen lassen. Die Kuvertüre im warmen Wasserbad schmelzen und den Kuchen damit überziehen.

Variante: Wer möchte, kann den Makronenkuchen mit kandierten Rosenblättern verzieren. Dazu braucht man zwei bis drei frisch gepflückte Rosen, 1 Eiweiß und feinen Zucker. Von den Rosenblütenblättern den bitteren Stielansatz entfernen. Die Blütenblätter mit leicht aufgeschlagenem Eiweiß einstreichen und mit feinem Zucker bestreuen. Im vorgeheizten Backofen bei 50 °C trocknen lassen.

Streuselkuchen mit Sahnefüllung

200 g abgetropfter Quark
1 Ei
6 EL Milch
8 EL Öl
3 EL Zucker
$1/2$ TL abgeriebene, unbehandelte Zitronenschale
1 Prise Salz
400 g Mehl
3 gestr. TL Backpulver
Für den Belag
$1/2$ l Milch

2 Päckchen
Vanille-Puddingpulver
$1/4$ l Schlagsahne
4 EL Zucker
1 Prise Salz
Für die Streusel
300 g Mehl
250 g Butter
200 g Zucker
1 Prise Zimt
Außerdem
Puderzucker

Für den Teig den Quark durch ein Sieb in eine Schüssel
streichen. Mit Ei, Milch, Öl, Zucker, Zitronenschale und
Salz verrühren. Mehl und Backpulver vermischen und
nach und nach zur Quarkmasse geben. Alles gut verkneten. Den Teig ausrollen, auf ein gefettetes Blech legen und einen Rand hochziehen.

In etwas kalter Milch das Puddingpulver verrühren. Die
restliche Milch mit der Sahne, dem Zucker und dem Salz
zum Kochen bringen. Das angerührte Puddingpulver
unterrühren, aufkochen lassen, vom Herd nehmen und

etwas auskühlen lassen. Für die Streusel das Mehl sieben und mit Butter, Zucker und Zimt vermischen. Den Pudding auf dem Teig verteilen, die Streusel darüber geben. Im vorgeheizten Backofen bei 200 °C (Gas Stufe 3, Umluft 180 °C) etwa 40 Minuten backen. Herausnehmen, auskühlen lassen, mit Puderzucker bestäuben.

Gefüllter Nusskuchen

200 g abgetropfter Quark
1 Ei
6 EL Milch
8 EL Öl
3 EL Zucker
1/2 TL abgeriebene, unbehandelte Zitronenschale
1 Prise Salz
400 g Mehl
3 gestr. TL Backpulver
Für den Belag
200 g Butter
200 g Zucker

250 g gemahlene Haselnüsse
2 Eier
Für die Decke
300 g Blätterteig (tiefgekühlt)
Für die Füllung
1 Päckchen Vanille-Puddingpulver
1/2 l Milch
3 EL Zucker
250 g weiche Butter
Außerdem
Puderzucker

Den Quark mit Ei, Milch, Öl, Zucker, Zitronenschale und Salz verrühren. Mehl und Backpulver vermischen, nach und nach in die Quarkmasse einarbeiten. Den Teig gut durchkneten, ausrollen, auf ein gefettetes Blech legen. Für den Belag die Butter in einem Topf erhitzen. Zucker und Haselnüsse einrühren. Vom Herd nehmen, etwas auskühlen lassen, die Eier unterrühren. Die Masse auf den Teig streichen. Bei 200 °C (Gas Stufe 3, Umluft 180 °C) etwa 35 Minuten backen.

Den Blätterteig für die Decke auftauen. Für die Füllung das Puddingpulver in etwas kalter Milch verquirlen. Die restliche Milch mit dem Zucker zum Kochen bringen, das angerührte Puddingpulver hineingeben, unter Rühren aufkochen lassen. Vom Herd nehmen, auf Zimmertemperatur abkühlen lassen. Ab und zu umrühren, damit sich keine Haut bildet. Die Butter schaumig schlagen, nach und nach die Puddingmasse einrühren. Kalt stellen.

Den aufgetauten Blätterteig auf bemehlter Fläche ausrollen. Ein Backblech mit kaltem Wasser abspülen, den Blätterteig darauf geben, mehrmals mit einer Gabel einstechen und im vorgeheizten Backofen bei 220 °C (Gas Stufe 4, Umluft 200 °C) etwa 10 Minuten backen. Herausnehmen und auskühlen lassen. Die Puddingcreme auf den abgekühlten Nusskuchen streichen und die Blätterteigdecke darauf setzen. Mit Puderzucker bestäuben.

Schokoladen-Aprikosen-Kuchen

200 g abgetropfter Quark
1 Ei
6 EL Milch
8 El Öl
1 Päckchen Vanillezucker
1 Prise Salz
450 g Mehl
1 Päckchen Backpulver

Für den Belag

2 kg entsteinte,
halbierte Aprikosen
125 g gehackte Mandeln

Für die Creme

1 Päckchen
Sahne-Puddingpulver
125 g Zucker
400 ml Milch
250 g Butter

Für die Glasur

200 g bittere Schokolade
100 g Nougat
1 EL Rum
1 TL Öl

Außerdem

1/4 l Schlagsahne
2 Päckchen Vanillezucker

Den Quark durch ein Sieb in eine Schüssel streichen, Ei, Milch, Öl, Vanillezucker und Salz unterrühren. Mehl und Backpulver vermischen, nach und nach zur Quarkmasse geben. Alles gut verkneten. Ein Backblech einfetten, den ausgerollten Teig auflegen, einen Rand hochziehen. Die Aprikosen auf den Teig geben und die Mandeln darüber streuen. Im vorgeheizten Backofen bei 200 °C (Gas Stufe 3, Umluft 180 °C) etwa 25 Minuten backen.

Für die Creme das Puddingpulver mit dem Zucker in etwas kalter Milch verrühren. Die restliche Milch zum Kochen bringen, das Puddingpulver einrühren, kurz aufkochen, vom Herd nehmen und auskühlen lassen. Dabei ab und zu umrühren, damit sich keine Haut bildet.

Die Butter schaumig schlagen, nach und nach den auf Zimmertemperatur ausgekühlten Pudding einrühren. Die Creme kalt stellen. Wenn sie abgekühlt ist, die Creme auf den Kuchen streichen und das Ganze wiederum kalt stellen. Für die Glasur Schokolade und Nougat unter Rühren im heißen Wasserbad schmelzen, den Rum und das Öl unterrühren. Über den Kuchen geben und mit der Gabel Muster ziehen. Kalt stellen.

Vor dem Servieren die Sahne mit dem Vanillezucker steif schlagen, in einen Spritzbeutel mit Sterntülle füllen und den Kuchen damit verzieren.

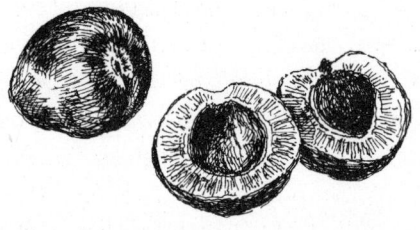

Nicht nur zur Weihnachtszeit

Hirschhornkuchen

200 g weiche Butter	50 g Speisestärke
150 g Zucker	50 g zerlassene Butter
2 Päckchen Vanillezucker	**Für die Glasur**
2 Eier	250 g Puderzucker
1 TL Hirschhornsalz	3 EL Kakao
$1/8$ l Schlagsahne	1 EL weiche Butter
350 g Mehl	

Für den Teig die Butter in eine Schüssel geben und mit Zucker, Vanillezucker und Eiern schaumig schlagen. Das Hirschhornsalz in der Sahne glatt rühren und in die Buttermasse einrühren. Nach und nach das gesiebte Mehl und Speisestärke zugeben, sodass ein zäher Teig entsteht. Den Teig auf bemehlter Fläche ausrollen, auf ein gefettetes Backblech geben und mit der flüssigen Butter bestreichen. Im vorgeheizten Backofen bei 200 °C (Gas Stufe 3, Umluft 180 °C) etwa 20 Minuten backen. Her-

ausnehmen und auskühlen lassen. Für die Glasur Puderzucker und Kakao vermischen, sieben und mit 3 EL
heißem Wasser glatt rühren. Die Butter unterrühren und
die Glasur sofort auf den Hirschhornkuchen geben.

Variante: Hirschhornkuchen schmeckt auch aus dun-
klem Teig. Dafür gibt man zur Teigmenge noch 1 EL
Zucker und 3 EL Kakao. Anstelle des Schokoladenüber-
zugs kann man für den dunklen Hirschhornkuchen eine
helle Glasur aus 250 g Puderzucker, 4 EL Zitronensaft
und 1 TL weicher Butter herstellen. Den Kuchen sofort
damit bestreichen.

Honigkuchen

1 kg Honig

200 g Zucker

1 1/2 kg Mehl

500 g gehackte Mandeln

250 g fein
   geschnittenes Zitronat

1 TL abgeriebene,
   unbehandelte
   Zitronenschale

2 TL gemahlener Zimt

1/2 TL Nelkenpulver

10 g Pottasche

8 g Hirschhornsalz

Für die Glasur

200 g Puderzucker

4 EL Zitronensaft

1 TL weiche Butter

Honig und Zucker in einen Topf geben und unter Rühren erhitzen, kühl stellen. Das Mehl sieben und mit den Mandeln, dem Zitronat, der Zitronenschale, dem Zimt und den Nelken in den ausgekühlten Honig einarbeiten. Pottasche und Hirschhornsalz mit knapp $1/4$ l lauwarmem Wasser verrühren und zum Teig geben. 24 Stunden an einem kühlen Ort ruhen lassen.

Am Backtag den Teig in etwa drei Stunden auf Zimmertemperatur bringen und auf bemehlter Fläche ausrollen. Ein Backblech einfetten und mit Mehl bestäuben. Den Teig auflegen und im vorgeheizten Backofen bei 200 °C (Gas Stufe 3, Umluft 180 °C) etwa 30 Minuten backen. Noch warm in 10 Zentimeter große Quadrate schneiden. Für die Glasur den Puderzucker in eine Schüssel sieben, mit Zitronensaft und Butter verrühren. Die Quadrate damit überziehen.

Nikolauskuchen

400 g Zucker

3 Eier

400 g Mehl

175 g Mandelstifte

2 EL fein
geschnittenes Zitronat

1/2 TL abgeriebene, unbe-
handelte Zitronenschale

3 TL Pfefferkuchengewürz

5 g Hirschhornsalz

2 TL Instant-Kaffee

1 Prise Salz

Für die Glasur

400 g dunkle Kuvertüre

100 g helle Kuvertüre

Zucker und Eier schaumig schlagen. Das Mehl sieben und mit Mandeln, Zitronat, Zitronenschale, Pfefferkuchen-gewürz mischen. In etwas Wasser aufgelöstes Hirsch-hornsalz, Instant-Kaffee und Salz untermischen. Gut durchkneten. Auf bemehlter Fläche 1 Zentimeter dick ausrollen. Ein Backblech einfetten, mit Mehl bestäuben, den Teig auflegen. Bei 200 °C (Gas Stufe 3, Umluft 180 °C) etwa 20 Minuten backen.

Die dunkle Kuvertüre im heißen Wasserbad schmelzen, den noch warmen Kuchen damit überziehen. Kalt stellen. Die helle Kuvertüre im Wasserbad schmelzen und damit feine Muster über den Kuchen ziehen. Kalt stellen. Vor dem Servieren in 4 x 8 Zentimeter große Stücke schneiden.

Pulsnitzer Pfefferkuchen

300 g Honig
300 g Zucker
2 EL Butter
4 EL Kakao
700 g Mehl
$1/2$ TL gemahlener Zimt
4 g Kardamom
$1/2$ TL abgeriebene, unbehandelte Zitronenschale
200 g gehackte Mandeln

2 EL fein
   geschnittenes Zitronat
1 Ei
10 g Hirschhornsalz
5 g Pottasche
Für die Glasur
250 g Puderzucker
4 EL Zitronensaft
Außerdem
Zuckerperlen

Honig, Zucker und Butter in einen Topf geben und unter Rühren erhitzen, kühl stellen. Kakao und Mehl sieben und mit Zimt, Kardamom, Zitronenschale, Mandeln, Zitronat und Ei zur Honigmasse geben. Hirschhornsalz und Pottasche getrennt in wenig Wasser auflösen und ebenfalls zugeben. Alles zu einem glatten Teig verkneten. Zugedeckt über Nacht kühl stellen.

Den Teig auf bemehlter Fläche ausrollen. Ein Backblech einfetten, mit Mehl bestäuben, den Teig auflegen und im vorgeheizten Backofen bei 200 °C (Gas Stufe 3, Umluft 180 °C) etwa 20 Minuten backen. Den ausgekühlten Kuchen in Stücke von 5 x 10 Zentimeter schneiden. Für die

Glasur den Puderzucker sieben und mit Zitronensaft verrühren. Die Rechtecke damit überziehen und mit Zuckerperlen verzieren.

Haselnuss-Ingwer-Kuchen

150 g Butter

200 g Zucker

4 Eier

250 g gemahlene
   Haselnüsse

125 g Rosinen

250 g geriebene
   halbbittere Kuvertüre

100 g kandierter Ingwer

300 g Mehl

1 TL Backpulver

Für die Glasur

200 g weiße Kuvertüre

200 g halbbittere Kuvertüre

1 TL Öl

In einer Schüssel Butter, Zucker und Eier schaumig schlagen. Haselnüsse, Rosinen, Kuvertüre, Ingwer zugeben.
Mehl und Backpulver vermischen, darüber sieben und
einarbeiten. Ein Backblech mit Backpapier auslegen, den
Teig darauf geben und im vorgeheizten Backofen bei
180°C (Gas Stufe 2, Umluft 160 °C) etwa 25 Minuten
backen. Herausnehmen und auskühlen lassen.
Die weiße Kuvertüre im heißen Wasserbad zum Schmelzen bringen, den Kuchen damit bestreichen. Die halb-

bittere Kuvertüre ebenfalls im Wasserbad schmelzen und das Öl unterrühren. Die Masse auf eine kühle, glatte Fläche (z. B. auf eine Marmorplatte), streichen, fest werden lassen, danach mit einem Spachtel zu feinen Röllchen zusammenschieben und dekorativ auf dem Kuchen verteilen.

Prophetenkuchen

10 Eigelb
8 EL Sonnenblumenöl
8 EL Weinbrand
100 g Mehl
1 EL Speisestärke

Außerdem
50 g zerlassene Butter
3 EL Zitronensaft
100 g Puderzucker

Das Eigelb in einer Schüssel schaumig schlagen, Öl und Weinbrand unterrühren. Nach und nach das gesiebte Mehl und die Speisestärke unterheben. Ein Backblech ausbuttern, den Teig aufstreichen und im vorgeheizten Backofen bei 220 °C (Gas Stufe 4, Umluft 200 °C) etwa 15 Minuten goldbraun backen. Herausnehmen, einige Minuten auskühlen lassen, mit flüssiger Butter bestreichen und mit Zitronensaft beträufeln. Zuletzt mit Puderzucker bestäuben.

Zimtkuchen

400 g Honig

150 g Zucker

200 g geriebene Mandeln

1 EL fein
geschnittenes Zitronat

2 TL gemahlener Zimt

1 Messerspitze Muskat

1 Messerspitze Nelkenpulver

1/2 TL abgeriebene, unbehandelte Zitronenschale

4 EL Rum

500 g Mehl

1 Messerspitze
Hirschhornsalz

Für die Glasur

250 g Puderzucker

3 EL Zitronensaft

Außerdem

3 EL fein
geschnittenes Zitronat

Honig und Zucker erhitzen und auskühlen lassen. Mandeln, Zitronat, Zimt, Muskat, Nelkenpulver, Zitronenschale und Rum unter die Honigmasse rühren. Nach und nach das gesiebte Mehl einarbeiten. Das Hirschhornsalz in lauwarmem Wasser auflösen und unter den Teig mischen. Den Teig auf bemehlter Fläche ausrollen. Ein Backblech einfetten, den Teig auflegen und im vorgeheizten Backofen bei 200 °C (Gas Stufe 3, Umluft 180 °C) etwa 25 Minuten backen. Herausnehmen und auskühlen lassen. Den Puderzucker mit dem Zitronensaft verrühren, den Kuchen damit glasieren und mit Zitronat bestreuen.

Weihnachtsstollen Dresdner Art

400 g Sultaninen
200 g Korinthen
6 EL Rum
750 g Mehl
80 g Hefe
125 g Zucker
$1/4$ l lauwarme Milch
Je 125 g fein geschnittenes
  Zitronat und Orangeat
2 Päckchen Vanillezucker

1 EL abgeriebene,
  unbehandelte
  Zitronenschale
$1/2$ TL Salz
300 g Butterschmalz
150 g gehackte Mandeln
Außerdem
200 g zerlassene Butter
3 EL Zucker
250 g Puderzucker

Sultaninen und Korinthen mit Rum begießen und über Nacht durchziehen lassen. Am Backtag das Mehl in eine Schüssel sieben, in die Mitte eine Vertiefung drücken. Die Hefe mit 1 TL Zucker in $1/8$ l Milch verquirlen, in die Vertiefung gießen, etwas Mehl vom Rand einrühren und einen breiartigen Vorteig herstellen. Zugedeckt an einem warmen Ort 30 Minuten gehen lassen.

Zitronat und Orangeat mit dem restlichen Zucker, dem Vanillezucker, der Zitronenschale, dem Salz, dem Butterschmalz in Flöckchen, den Mandeln, Sultaninen und Korinthen auf dem Mehlrand verteilen. Von der Mitte her die Zutaten zu einem glatten und glänzenden Teig verkneten, dabei die restliche Milch einarbeiten. Zugedeckt an einem warmen Ort 90 Minuten gehen lassen. Den Teig nochmals durchkneten und in zwei Stücke teilen. Die Teigstücke zu länglichen Broten formen, längs etwas einkerben und auf ein gefettetes, leicht bemehltes Backblech geben. Nochmals 30 Minuten gehen lassen. Im vorgeheizten Backofen bei 200 °C (Gas Stufe 3, Umluft 180 °C) etwa 55 Minuten backen.

Herausnehmen und sofort mit der Hälfte der zerlassenen Butter bestreichen, mit Zucker bestreuen und mit der Hälfte des Puderzuckers bestäuben. Die restliche Butter darüber streichen und den restlichen Puderzucker darüber sieben.

Mohnstollen mit Birnen

500 g Mehl

40 g Hefe

100 g Zucker

1/4 l lauwarme Milch

250 g weiche Butter

100 g gehackte Mandeln

1/2 TL abgeriebene, unbe-
handelte Zitronenschale

1 Prise Salz

Für die Füllung

250 g getrocknete Birnen

2 EL Rum

250 g gemahlener Mohn

Außerdem

100 g zerlassene Butter

150 g Puderzucker

Für den Teig das Mehl in eine Schüssel sieben, in die Mitte eine Vertiefung drücken. Die zerbröckelte Hefe mit 1 TL Zucker in etwas Milch verrühren, in die Vertiefung geben, Mehl darüber stäuben und einen dicklichen Brei bereiten. Zugedeckt 15 Minuten gehen lassen. Auf dem Mehlrand den restlichen Zucker, die Butter in Stückchen, die Mandeln, die Zitronenschale und das Salz verteilen. Von der Mitte her die Zutaten zu einem geschmeidigen Teig verkneten, dabei die restliche Milch zugeben. Zugedeckt 30 Minuten gehen lassen.

Die Birnen 15 Minuten in lauwarmem Wasser einweichen, ausdrücken, kleinschneiden und mit Rum beträufeln. Mit dem Mohn vermischen. Den Teig durchkneten, auf bemehlter Fläche zu einem Rechteck ausrollen. Die

Mohnmischung aufstreichen, den Teig aufrollen, die Ränder festdrücken. Auf ein gefettetes Blech legen, nochmals 15 Minuten gehen lassen. Den Stollen im vorgeheizten Backofen bei 200 °C (Gas Stufe 3, Umluft 180 °C) etwa 1 Stunde backen. Herausnehmen, noch warm mit der zerlassenen Butter bestreichen und mit Puderzucker bestäuben.

Mohnstollen

500 g Mehl

40 g Hefe

100 g Zucker

$^1/_4$ l lauwarme Milch

1 TL abgeriebene, unbehandelte Zitronenschale

180 g zimmerwarmes Butterschmalz

1 Prise Salz

150 g gemahlene Mandeln

Für die Füllung

$^1/_8$ l Milch

$^1/_8$ l Schlagsahne

100 g Zucker

400 g gemahlener Mohn

1 EL Grieß

$^1/_2$ TL abgeriebene, unbehandelte Zitronenschale

100 g Sultaninen

100 g Korinthen

1 TL fein geschnittenes Zitronat

1 Messerspitze Zimt

2 EL Rum

Außerdem

100 g zerlassene Butter

150 g Puderzucker

Das Mehl in eine Schüssel sieben, in die Mitte eine Vertiefung drücken. Zerbröckelte Hefe und 1 TL Zucker in $1/8$ l Milch verrühren, in die Vertiefung gießen. Etwas Mehl vom Rand zugeben und einen breiartigen Vorteig bereiten. Zugedeckt an einem warmen Ort 20 Minuten gehen lassen. Auf dem Mehlrand den restlichen Zucker, die Zitronenschale, das Butterschmalz in Flöckchen, das Salz und die Mandeln verteilen. Von der Mitte her die Zutaten zu einem glatten und geschmeidigen Teig verkneten, dabei die restliche Milch einarbeiten. Zugedeckt 45 Minuten an einem warmen Ort gehen lassen.

Für die Mohnfüllung Milch, Sahne und Zucker in einen Topf geben, unter Rühren erhitzen, Mohn, Grieß und Zitronenschale zugeben und unter Rühren einige Male aufwallen lassen. Vom Herd nehmen. Gewaschene, abgetropfte Sultaninen und Korinthen, Zitronat, Zimt und Rum einrühren.

Auf Zimmertemperatur abkühlen lassen. Den Teig nochmals durchkneten und auf bemehlter Fläche fingerdick ausrollen. Die Mohnmasse aufstreichen, die Teigplatte aufrollen. Ein Backblech einfetten, den Mohnstollen auflegen, 10 Minuten gehen lassen. Im vorgeheizten Backofen bei 200 °C (Gas Stufe 3, Umluft 180 °C) etwa 1 Stunde backen. Herausnehmen, sofort mit Butter bestreichen und mit Puderzucker bestäuben.

Marzipanstollen

Je 100 g Sultaninen
und Korinthen
4 EL Rum
600 g Mehl
40 g Hefe
100 g Zucker
$1/4$ l lauwarme Milch
100 g weiche Butter
150 g zimmerwarmes
Butterschmalz
Je 50 g fein geschnittenes
Zitronat und Orangeat
100 g gehackte Mandeln,
darunter 2 bittere
1 TL abgeriebene, unbe-
handelte Zitronenschale

Für die Füllung
100 g Marzipanrohmasse
50 g Puderzucker
2 TL Rum
3 El Schlagsahne
Je 1 EL gemahlene
Haselnüsse, Mandeln,
Kokosflocken
Je 50 g fein geschnittene,
getrocknete Aprikosen
und Pflaumen
Außerdem
150 g zerlassene Butter
150 g Puderzucker

Sultaninen und Korinthen mit Rum begießen. Das Mehl
in eine Schüssel sieben, in die Mitte eine Vertiefung
drücken. Zerbröckelte Hefe und 1 TL Zucker in $1/8$ l
Milch verquirlen und in die Vertiefung gießen. Etwas Mehl
vom Rand einrühren, einen breiartigen Vorteig bereiten.
Zugedeckt an einem warmen Ort 20 Minuten gehen las-

sen. Den restlichen Zucker mit Butter und Butterschmalz in Flöckchen, Zitronat, Orangeat, Mandeln, Zitronenschale, Sultaninen und Korinthen auf dem Mehlrand verteilen. Von der Mitte her die Zutaten verkneten, dabei die restliche Milch zufügen. Den Teig kräftig durchkneten. Zugedeckt 1 Stunde gehen lassen.

Für die Füllung Marzipan, gesiebten Puderzucker, Rum, Schlagsahne, Haselnüsse, Mandeln, Kokosflocken, Aprikosen und Pflaumen mischen, gründlich verkneten und zu einer Rolle formen. Den Teig nochmals durchkneten und auf bemehlter Fläche zu einem Rechteck ausrollen. Die Marzipanrolle darauflegen, den Teig aufrollen, auf ein gefettetes Blech legen und weitere 15 Minuten gehen lassen. Im vorgeheizten Backofen bei 200 °C (Gas Stufe 3, Umluft 180 °C) etwa 1 Stunde backen. Den Stollen herausnehmen, sofort mit Butter bepinseln und mit Puderzucker bestäuben.

Quarkstollen mit Marzipan

200 g Sultaninen
6 EL Rum
400 g Mehl
4 gestr. TL Backpulver
125 g Zucker
1 TL abgeriebene, unbe-
    handelte Zitronenschale
Je 1 Prise Zimt
    und Kardamom
2 Eier
250 g abgetropfter Quark

150 g weiche Butter
Je 1 EL fein geschnittenes
    Zitronat und Orangeat
150 g gehackte Mandeln
2 EL Pistazien
Für die Füllung
100 g Puderzucker
250 g Marzipanrohmasse
Außerdem
100 g zerlassene Butter
150 g Puderzucker

Die Sultaninen mit dem Rum beträufeln. Mehl und Backpulver vermischen und in eine Schüssel sieben. In die
Mitte eine Vertiefung drücken. Zucker, Zitronenschale,
Zimt, Kardamom und Eier in die Vertiefung geben und
mit Mehl vermischen. Quark und Butter einarbeiten. Die
Sultaninen in Mehl wälzen und mit dem Zitronat, Orangeat, den Mandeln und Pistazien unterkneten. Den Teig
1 Stunde kühl stellen.
Puderzucker auf die Arbeitsfläche sieben, die Marzipanrohmasse darauf dünn ausrollen. Den Teig auf bemehlter Fläche ebenfalls ausrollen, die Marzipanplatte aufle-

gen. Den Teig aufrollen und in Stollenform bringen. Im vorgeheizten Backofen bei 200 °C (Gas Stufe 3, Umluft 180 °C) etwa 1 Stunde backen. Herausnehmen, sofort mit Butter bestreichen und mit Puderzucker bestäuben.

Früchtebrot

250 g getrocknete Birnen
250 g getrocknete, entsteinte Pflaumen
200 g getrocknete Feigen
100 g getrocknete Aprikosen
2 EL gehackte Haselnüsse
2 EL gehackte Walnusskerne
Je 1 EL fein geschnittenes Zitronat und Orangeat
100 g Sultaninen

50 g Korinthen
4 EL Zucker
$1/2$ TL gemahlener Zimt
1 Messerspitze Nelkenpulver
3 EL Rum
4 EL Zitronensaft
500 g Schwarzbrotteig (vom Bäcker)
Außerdem
Mandelhälften

Birnen, Pflaumen, Feigen und Aprikosen in eine Schüssel geben. Mit Wasser bedeckt über Nacht ziehen lassen. Die abgetropften Früchte klein schneiden und mit Nüssen, Zitronat, Orangeat, Sultaninen und Korinthen mischen. Zucker, Zimt, Nelken, Rum und Zitronensaft gut untermischen. 30 Minuten zugedeckt ziehen lassen. Den Brotteig durchkneten und nach und nach die Früchtemasse einarbeiten. Den Teig zu einem Brot formen, mit Mandelhälften garnieren. Ein Backblech mit Backpapier auslegen, das Früchtebrot darauf geben und bei 180 °C (Gas Stufe 2, Umluft 160 °C) etwa 1 Stunde backen.

Sirupkuchen

200 g Rübensirup
80 g Butter
2 EL Zucker
Je 1 EL fein geschnittenes
    Zitronat und Orangeat
1 TL abgeriebene, unbe-
    handelte Orangenschale

2 EL gehackte Mandeln
1 Messerspitze Zimt
400 g Mehl
2 gestr. TL Backpulver
Außerdem
Mandeln

Sirup, Butter und Zucker leicht erwärmen, glatt rühren und auskühlen lassen. Zitronat, Orangeat, Orangenschale, Mandeln und Zimt zufügen. Mehl und Backpulver untermischen. Den Teig gut durchkneten und ausrollen. Ein Backblech mit Backpapier belegen, den Teig darauf geben und mit Mandeln garnieren. Bei 200 °C (Gas Stufe 3, Umluft 180 °C) 20 Minuten backen.

Deftige Kuchen und Brote

Zwiebelkuchen mit Äpfeln

500 g Mehl	**Für den Belag**
30 g Hefe	500 g Zwiebeln
1/4 l lauwarme Milch	1 kg säuerliche Äpfel
125 g Butter	1/2 TL Kümmel
1/2 TL Salz	1/2 TL Majoran
	8 EL Öl

Das Mehl in eine Schüssel sieben. In die Mitte eine Vertiefung drücken. Zerbröckelte Hefe in 1/8 l Milch verquirlen, in die Vertiefung gießen, etwas Mehl darüber stäuben und 20 Minuten an einem warmen Ort gehen lassen. Die Butter in Flöckchen und das Salz auf den Mehlrand geben. Von der Mitte her die Zutaten zu einem glatten Teig verkneten, dabei die restliche Milch zugeben. 30 Minuten gehen lassen. Teig auf bemehlter Fläche ausrollen. Ein Backblech einfetten, den Teig auflegen, einen Rand hochziehen, den Teig mehrmals einstechen.

Die Zwiebeln schälen und in dünne Ringe schneiden. Die Äpfel schälen, in kleine Würfel schneiden, dabei das Kernhaus entfernen. Die Zwiebeln und Äpfel mit Kümmel und Majoran vermischen und auf dem Teig verteilen. Im vorgeheizten Backofen bei 200 °C (Gas Stufe 3, Umluft 180 °C) etwa 25 Minuten backen. Noch warm mit Öl beträufeln.

Zwiebel-Nuss-Kuchen

500 g Mehl	4 frische Lorbeerblätter
30 g Hefe	6 Äpfel
1/2 TL Zucker	Saft von 1 Zitrone
2 EL Olivenöl	250 g Crème fraîche
1 Prise Salz	6 Eier
Für den Belag	125 g gehackte
1 1/2 kg Gemüsezwiebeln	Walnusskerne
6 EL Olivenöl	3 Zweige Rosmarin

Das Mehl in eine Schüssel sieben, in die Mitte eine Vertiefung drücken. Die zerbröckelte Hefe mit dem Zucker in 1/4 l lauwarmem Wasser verquirlen und in die Vertiefung gießen. Einen Teig kneten, dabei Olivenöl und Salz zugeben. Zugedeckt 30 Minuten gehen lassen.

Die Zwiebeln schälen und in dünne Scheiben schneiden. Das Öl erhitzen, die Zwiebelscheiben hineingeben, die Lorbeerblätter zufügen, alles 15 Minuten dünsten. Die Äpfel schälen, in Spalten schneiden, dabei das Kernhaus entfernen, mit Zitronensaft beträufeln.

Den Teig durchkneten und ausrollen, auf ein gefettetes Backblech legen. Die Zwiebeln und die Apfelspalten auf dem Teig verteilen. Crème fraîche und Eier verrühren und darüber gießen. Walnüsse und Rosmarinnadeln aufstreuen. Im vorgeheizten Backofen bei 200 °C (Gas Stufe 3, Umluft 180 °C) etwa 25 Minuten backen.

Tomaten-Käse-Kuchen

30 g Hefe	**Für den Belag**
1 Prise Zucker	1 1/2 kg Tomaten
1/4 l lauwarme Milch	2 EL Tomatenmark
500 g Mehl	150 g Roquefort
4 mittelgroße Zwiebeln	200 g Reibekäse
50 g Butterschmalz	1 Zweig Rosmarin
1 Prise Salz	

Zerbröckelte Hefe und Zucker in 1/8 l Milch verquirlen. Das Mehl in eine Schüssel sieben, in die Mitte eine Ver-

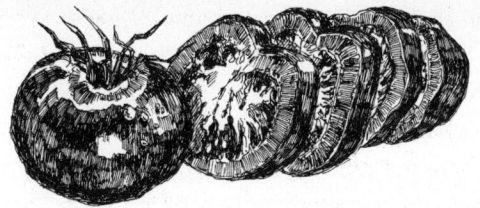

tiefung drücken, die Hefemilch hineingießen und mit Mehl bestäuben. Zugedeckt 20 Minuten gehen lassen. Die Zwiebeln schälen und fein hacken. Das Butterschmalz erhitzen, die Zwiebeln darin goldgelb rösten. Vom Herd nehmen und auskühlen lassen. Salz und Zwiebeln auf dem Mehlrand verteilen. Von der Mitte her die Zutaten zu einem glatten Teig verkneten, dabei die restliche Milch zufügen.

Für den Belag die Tomaten überbrühen, die Haut abziehen, den Stielansatz entfernen, in Scheiben schneiden. Den Teig durchkneten, auf bemehlter Fläche ausrollen und auf das gefettete Backblech geben. Einen Rand hochziehen, den Teig mit einer Gabel mehrmals einstechen und mit Tomatenmark bestreichen. Die Tomatenscheiben auflegen, zerkrümelten Roquefort, Reibekäse und Rosmarinnadeln aufstreuen. Im vorgeheizten Backofen bei 200 °C (Gas Stufe 3, Umluft 180 °C) etwa 30 Minuten backen.

Schmandkuchen mit Speck

	Für den Belag
150 g abgetropfter Quark	4 Bund Schnittlauch
1 Ei	100 g Salami
6 EL Milch	150 g gekochter Schinken
1/8 l Öl	200 g Schinkenspeck
1 Prise Salz	4 Eier
350 g Mehl	400 g saure Sahne
3 gestr. TL Backpulver	Salz

Den Quark durch ein Sieb in eine Schüssel streichen, Ei, Milch, Öl und Salz unterrühren. Mehl und Backpulver vermischen und nach und nach in die Quarkmischung einarbeiten. Das Ganze gut verkneten. Den Teig auf bemehlter Fläche ausrollen, auf ein gefettetes Blech legen, einen Rand hochziehen. Den Schnittlauch waschen, abtropfen lassen, in kleine Röllchen schneiden. Salami, gekochten Schinken und Schinkenspeck würfeln, alles gut vermischen und auf dem Teig verteilen. Die Eier mit der sauren Sahne und Salz verquirlen. Die Masse gleichmäßig über die Schnittlauch-Schinken-Mischung ziehen. Im vorgeheizten Backofen bei 200 °C (Gas Stufe 3, Umluft 180 °C) etwa 25 Minuten backen. Der Schmandkuchen wird heiß serviert.

Watruschki mit Käse

500 g Mehl	**Für die Füllung**
30 g Hefe	300 g Schafskäse
1/2 TL Zucker	6 hart gekochte Eier
1/4 l lauwarme Milch	**Außerdem**
80 g Butter	6 Eier
1 Prise Salz	Schnittlauchröllchen

Das Mehl in eine Schüssel sieben, in die Mitte eine Vertiefung drücken. Die Hefe mit dem Zucker in etwas lauwarmer Milch verquirlen, in die Vertiefung gießen. Einen dicklichen Brei bereiten, zugedeckt 30 Minuten gehen lassen. Auf dem Mehlrand die Butter in Flöckchen und das Salz verteilen. Von der Mitte her die Zutaten zu einem geschmeidigen Teig verkneten, dabei die restliche Milch zugeben. 30 Minuten gehen lassen.

Für die Füllung den Käse fein reiben, die Eier fein hacken. Beides vermischen. Den Teig kräftig durchkneten, ausrollen, auf ein gefettetes Backblech geben und mit einer Gabel mehrmals einstechen. Mit der Käsemischung belegen. 10 Minuten gehen lassen. Bei 200 °C (Gas Stufe 3, Umluft 180 °C) etwa 20 Minuten backen. Die Eier verquirlen und über den Kuchen gießen. Weitere 5 Minuten backen. Mit Schnittlauchröllchen bestreuen.

Kulebjaka

500 g Mehl
20 g Hefe
1 Messerspitze Zucker
1/4 l lauwarme Milch
100 g Butter
1/2 TL Salz
Für die Füllung
2 Zwiebeln
6 Knoblauchzehen

600 g Gehacktes
  (halb und halb)
150 g zerlassene
  Speckwürfel
200 g Semmelbrösel
100 g abgetropfter Quark
2 Eier
Außerdem
1 Ei

Für den Teig das Mehl in eine Schüssel sieben, in die Mitte eine Vertiefung drücken. Die Hefe mit dem Zucker in etwas Milch auflösen, in die Mulde gießen. Mehl darüber stäuben. Zugedeckt an einem warmen Ort 20 Minuten gehen lassen. Auf dem Mehlrand die Butter in Flöckchen und das Salz verteilen. Von der Mitte her die Zutaten zu einem geschmeidigen Teig verkneten, dabei die restliche Milch zugeben. Zugedeckt an einem warmen Ort 30 Minuten gehen lassen.

Für die Füllung Zwiebeln und Knoblauchzehen schälen und fein hacken. Mit dem Gehackten, den Speckwürfeln, den Semmelbröseln, dem Quark und den Eiern vermischen. Den Hefeteig nochmals durchkneten und auf bemehlter Fläche ausrollen. Mit der Füllung bestreichen und so übereinander schlagen, dass eine Brotform entsteht. Aus Teig-resten Verzierungen (Blätterranken oder Schleifen) herstellen und auflegen. Mit verquirltem Ei bestreichen. Ein Backblech einfetten, die Kulebjaka auflegen und im vorgeheizten Backofen bei 200 °C (Gas Stufe 3, Umluft 180 °C) etwa 45 Minuten backen.

Sauerkrautbrot

1 kg Mehl
60 g Hefe
1 kräftige Prise Zucker
Knapp $1/2$ l lauwarme
   Milch
150 g weiche Butter
2 Eier
1 TL Salz

Für die Füllung
5 Zwiebeln
1 $1/2$ kg Sauerkraut
40 g Butterschmalz
250 g Schinkenspeck
Außerdem
2 Eigelb
2 EL Milch

Das Mehl in eine Schüssel sieben, in die Mitte eine Vertiefung drücken. Zerbröckelte Hefe und Zucker in $1/8$ l Milch verrühren, in die Vertiefung gießen, etwas Mehl vom Rand einrühren und einen breiartigen Vorteig herstellen. Zugedeckt an einen warmen Ort stellen und 30 Minuten gehen lassen. Auf dem Mehlrand die Butter in Flöckchen, die Eier und das Salz verteilen. Die Zutaten von der Mitte her zu einem glatten Teig verkneten, dabei die restliche Milch zugeben. Den Teig kräftig durchkneten und zugedeckt 30 Minuten gehen lassen.

Inzwischen die Zwiebeln schälen und in kleine Würfel schneiden. Das Sauerkraut fein hacken. In einem Topf das Butterschmalz erhitzen, die Zwiebeln hineingeben und glasig werden lassen. Das Sauerkraut zugeben und 10 Minuten schmoren. Auskühlen lassen. Den Schinkenspeck in feine Scheiben schneiden.

Den Teig auf bemehlter Fläche durchkneten und halbieren. Ein Backblech einfetten. Eine Teighälfte ausrollen, auf das Backblech legen, einen Rand hochziehen. Das Sauerkraut auf die Teigplatte geben und die Schinkenspeckscheiben darauf verteilen. Die andere Teighälfte ausrollen, auf das Kraut legen und die Ränder fest andrücken. Eigelb und Milch verquirlen und das Brot damit bepinseln. Bei 200 °C (Gas Stufe 3, Umluft 180 °C) etwa 50 Minuten backen.

Speck-Nuss-Kuchen

150 g abgetropfter Quark
1 Ei
6 EL Milch
1/8 l Öl
1/2 TL Salz
400 g Mehl
3 gestr. TL Backpulver

Für den Belag
250 g durchwachsener
   Speck
150 g Semmelbrösel
1 EL Butter
300 g gehackte Erdnüsse
Außerdem
100 g zerlassene Butter

Für den Teig den Quark durch ein Sieb in eine Schüssel streichen. Ei, Milch, Öl und Salz unterrühren. Mehl und Backpulver vermischen, nach und nach zur Quarkmischung geben. Alles gut verkneten und auf bemehlter Fläche ausrollen.

Für den Belag den Speck in kleine Würfel schneiden und kross ausbraten. Die Semmelbrösel in der Butter goldgelb rösten. Semmelbrösel, Speckwürfel und Erdnüsse auf dem Teig verteilen. Den Teig aufrollen, die Ränder fest drücken. Auf ein gefettetes Backblech legen, 15 Minuten gehen lassen. Mit Butter bestreichen und im vorgeheizten Backofen bei 200 °C (Gas Stufe 3, Umluft 180 °C) etwa 45 Minuten backen. Den Speck-Nuss-Kuchen möglichst heiß servieren.

Käsekuchen mit Auberginen

400 g Mehl
20 g Hefe
2 EL Olivenöl
1 kräftige Prise Salz

Für den Belag
1 mittelgroße Aubergine
1 Prise Salz
5 El Olivenöl
6 Tomaten

Frisch gemahlener
  weißer Pfeffer
250 g Mozzarella
300 g roher Schinken
3 EL Tomatenmark
1 TL Oregano
$1/2$ TL Majoran
2 EL Basilikum

Das Mehl in eine Schüssel sieben, in die Mitte eine Vertiefung drücken. Die Hefe in 150 ml lauwarmem Wasser verrühren, in die Vertiefung gießen, mit dem Mehl vermischen und zugedeckt 15 Minuten gehen lassen. Olivenöl und Salz zugeben, den Teig kräftig durchkneten. Etwas Mehl darüber stäuben. Zugedeckt an einem warmen Ort 30 Minuten gehen lassen.

Inzwischen die Aubergine in Scheiben schneiden, mit Salz einreiben, 10 Minuten ziehen lassen, trockentupfen und in Olivenöl bräunen. Tomaten mit kochendem Wasser überbrühen, die Haut abziehen, in Scheiben schneiden und mit den Auberginenscheiben vermischen. Mit Salz und Pfeffer würzen. Mozzarella in Scheiben, den

Schinken in Würfel schneiden. Ein Backblech einfetten, den ausgerollten Teig darauf geben, einen Rand hochziehen. Tomatenmark aufstreichen. Die Auberginen-Tomaten-Mischung, Mozzarella und Schinken auf dem Teig verteilen. Oregano, Majoran und Basilikum darüber streuen. Im vorgeheizten Backofen bei 220 °C (Gas Stufe 4, Umluft 200 °C) etwa 20 Minuten backen.

Kartoffelrolle mit Speck und Käse

400 g mehligkochende
  Kartoffeln
500 g Mehl
50 g Hefe
1/2 TL Zucker
1/4 l lauwarme Milch
2 Eier
250 g abgetropfter Quark
Salz
Für die Füllung
400 g durchwachsener Speck

600 g Zwiebeln
30 g Butterschmalz
200 g Reibekäse
4 EL gehackte Kräuter
  (Schnittlauch, Petersilie,
  Majoran)
Außerdem
2 Eigelb
2 EL Milch
4 EL Kürbiskerne

Die Kartoffeln in der Schale kochen, pellen und durch die Kartoffelpresse geben. Das Mehl dazu sieben, in die

Mitte eine Vertiefung drücken. Hefe und Zucker in $1/8$ l Milch verrühren, in die Vertiefung gießen, etwas Mehl vom Rand hineingeben und zu einem breiartigen Vorteig verrühren. Zugedeckt an einem warmen Platz stellen und 20 Minuten gehen lassen. Auf dem Mehlrand Eier, Quark und Salz verteilen. Die Zutaten von der Mitte her zu einem glatten Teig verkneten, dabei die restliche Milch zufügen. Zugedeckt 30 Minuten an einem warmen Ort gehen lassen.

Für die Füllung den Speck in kleine Würfel schneiden. Die Zwiebeln schälen und fein hacken. Das Butterschmalz erhitzen, Speck und Zwiebeln hineingeben und 5 Minuten rösten. Auskühlen lassen. Den Teig durchkneten und ausrollen. Zwiebeln und Speck mit dem Bratfett darauf verteilen, Reibekäse und Kräuter darüber streuen. Den Teig aufrollen. Ein Backblech einfetten, die Hefe-Kartoffel-Rolle darauf geben. Eigelb und Milch verrühren, die Rolle damit bestreichen und mit Kürbiskernen verzieren. Im vorgeheizten Backofen bei 200 °C (Gas Stufe 3, Umluft 180 °C) etwa 35 Minuten backen. Sofort servieren oder zum Auskühlen auf ein Kuchengitter legen.

Bauernbrot mit Nüssen

500 g Roggenmehl

500 g Weizenmehl

60 g Hefe

1/2 TL Zucker

150 g Sauerteig (vom Bäcker)

1 TL Salz

6 EL Sirup

200 g gehackte,
geröstete Erdnüsse

Beide Mehlsorten vermischen und in eine Schüssel sieben, in die Mitte eine Vertiefung drücken. Zerbröckelte Hefe und Zucker in 200 ml lauwarmem Wasser verrühren, in die Vertiefung gießen, mit etwas Mehl zu einem breiartigen Vorteig verrühren. Zugedeckt 30 Minuten an einem warmen Platz gehen lassen.

Sauerteig, Salz und Sirup mit 300 ml Wasser verrühren, auf dem Mehlrand verteilen. Die Zutaten von der Mitte her gründlich zu einem glatten Teig verkneten, dabei die Erdnüsse unterkneten. Zugedeckt 1 Stunde an einem warmen Platz gehen lassen.

Den Teig nochmals durchkneten und ein Brot formen. Auf ein gefettetes Backblech legen, mit lauwarmem Wasser bestreichen und mit dem Messer mehrmals einritzen. Im vorgeheizten Backofen bei 220 °C (Gas Stufe 4, Umluft 200 °C) etwa 50 Minuten backen. Das Brot herausnehmen und auf einem Kuchengitter auskühlen lassen.

Kräuterbrot

500 g Mehl
30 g Hefe
1 kräftige Prise Zucker
Knapp $1/4$ l lauwarme Milch
5 Schalotten
1 Bund glatte Petersilie
3 EL Kerbel
$1/2$ TL Salz

1 TL gemahlener Kümmel
80 g weiche Butter
1 Ei
Außerdem
1 Eigelb
Salz
Kümmel

Das Mehl in eine Schüssel sieben, in die Mitte eine Vertiefung drücken. Hefe und Zucker in $1/8$ l Milch auflösen, in die Vertiefung gießen, etwas Mehl vom Rand zufügen und einen breiartigen Vorteig bereiten. Zugedeckt 20 Minuten an einen warmen Platz stellen. Schalotten, Petersilie und Kerbel fein hacken. Auf dem Mehlrand zusammen mit Salz, Kümmel, Butter in Flöckchen und Ei verteilen. Von der Mitte her alles gut verkneten, dabei die restliche Milch zugeben. Zugedeckt 45 Minuten gehen lassen. Den Teig auf bemehlter Fläche durchkneten, in eine ovale oder runde Brotform bringen, mit Eigelb bestreichen und mit Salz und Kümmel bestreuen. Ein Backblech einfetten, das Brot auflegen und bei 200 °C (Gas Stufe 3, Umluft 180°C) etwa 50 Minuten backen.

Weizenbrot mit Walnüssen

500 g Mehl	1 TL Salz
30 g Hefe	**Außerdem**
$1/2$ TL Zucker	Walnussöl
2 EL gehackte Schalotten	Salz
125 g gehackte,	Pfeffer
geröstete Walnüsse	Walnusshälften

Das Mehl in eine Schüssel sieben, in die Mitte eine Vertiefung drücken. Hefe und Zucker in $1/8$ l lauwarmem Wasser verrühren, in die Vertiefung gießen, etwas Mehl dazugeben und einen breiartigen Vorteig rühren. Zugedeckt 20 Minuten an einen warmen Platz stellen. Auf dem Mehlrand Schalotten, Walnüsse und Salz verteilen. Die Zutaten von der Mitte her gut durchkneten, dabei noch $1/8$ l Wasser zugeben. 45 Minuten gehen lassen. Den Teig auf bemehlter Fläche durchkneten, ein ovales oder rundes Brot formen, auf ein gefettetes Blech legen. 10 Minuten gehen lassen. Mit Walnussöl bestreichen, mit Salz und Pfeffer bestreuen und mit Walnusshälften verzieren. Bei 200 °C (Gas Stufe 3, Umluft 180 °C) etwa 50 Minuten backen.

Zwiebelbrot

1 kg Mehl
40 g Hefe
$^1/_2$ TL Zucker
1 TL Salz
4 TL Oregano
1 kg Zwiebeln
5 Knoblauchzehen
2 EL Olivenöl

125 g Tomatenpüree
125 g gehackte,
   entsteinte Oliven
4 EL gehackte Kapern
Frisch gemahlener
   schwarzer Pfeffer
Außerdem
200 g Reibekäse

Das Mehl in eine Schüssel sieben, in die Mitte eine Vertiefung drücken. Die Hefe mit dem Zucker in $^1/_8$ l lauwarmem Wasser verrühren, in die Vertiefung gießen, mit
etwas Mehl einen Vorteig rühren. 20 Minuten gehen lassen. Auf dem Mehlrand Salz und 2 TL Oregano verteilen. Alle Zutaten verkneten, dabei 375 ml Wasser zugeben. 45 Minuten gehen lassen.
Zwiebeln und Knoblauchzehen schälen und fein hacken.
Das Olivenöl erhitzen, die Zwiebeln hineingeben und 5
Minuten dünsten. Knoblauch, den restlichen Oregano,
Tomatenpüree, Oliven und Kapern dazugeben. Mit Salz
und Pfeffer abschmecken. Den Teig durchkneten, ausrollen, mit der abgekühlten Zwiebelmischung bestreichen, aufrollen. In eine längliche Brotform bringen. Ein

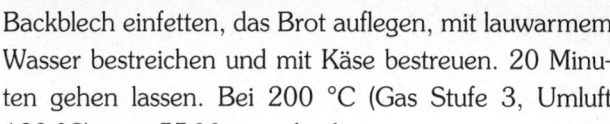

Backblech einfetten, das Brot auflegen, mit lauwarmem Wasser bestreichen und mit Käse bestreuen. 20 Minuten gehen lassen. Bei 200 °C (Gas Stufe 3, Umluft 180 °C) etwa 55 Minuten backen.

Safranbrot

500 g Mehl	1 Ei
35 g Hefe	125 g weiche Butter
1 Prise Zucker	1 Prise Salz
$^1/_4$ l lauwarme Milch	**Außerdem**
1 TL Safranpulver	2 EL Milch

Das Mehl in eine Schüssel sieben, in die Mitte eine Vertiefung drücken. Die Hefe mit dem Zucker in $^1/_8$ l lauwarmer Milch verrühren, hineingießen, etwas Mehl dazugeben und einen breiartigen Vorteig herstellen. Zugedeckt 20 Minuten gehen lassen. Den Safran in 1 EL warmem Wasser auflösen und mit dem Ei, der Butter und dem Salz auf dem Mehlrand verteilen. Von der Mitte her die Zutaten zu einem glatten Teig verkneten, dabei die restliche Milch zugeben. 45 Minuten gehen lassen. Den Teig durchkneten und ein Brot formen. Auf ein gefettetes Blech legen, mit Milch bestreichen und bei 200 °C

(Gas Stufe 3, Umluft 180 °C) etwa 50 Minuten backen. Herausnehmen, noch einige Minuten auf dem Backblech lassen, dann auf einem Kuchengitter auskühlen lassen.

Pikanter Schinken-Käse-Kuchen

200 g abgetropfter Quark	**Für den Belag**
1 Ei	400 g Schinkenspeck
1/2 TL Salz	200 g saure Sahne
6 EL Milch	4 Eier
1/8 l Öl	Salz
400 g Mehl	Paprikapulver edelsüß
2 gestr. TL Backpulver	12 Käsescheiben

Den Quark mit Ei, Salz, Milch und Öl verrühren. Mehl und Backpulver vermischen und nach und nach zur Quarkmasse geben, gut verkneten. Ausrollen und auf ein gefettetes Blech legen. Den Schinkenspeck in dünne Scheiben schneiden und auf dem Teig verteilen. Saure Sahne und Eier verquirlen, mit Salz und Paprika würzen, die Schinkenscheiben damit begießen. Bei 200 °C (Gas Stufe 3, Umluft 180 °C) 20 Minuten backen. Die Käsescheiben auf den Kuchen geben und weitere 5 Minuten backen. Mit Paprikapulver bestreuen.

Speckkuchen mit Kümmel

200 g abgetropfter Quark
1 Ei
6 EL Milch
1/8 l Öl
1 Prise Salz
400 g Mehl
1 Päckchen Backpulver

Für den Belag
500 g durchwachsener
   Speck
500 g Zwiebeln
1 EL Kümmel
400 g Schmand
4 Eier

Für den Teig den Quark durch ein Sieb in eine Schüssel streichen. Ei, Milch, Öl und Salz einrühren. Mehl und Backpulver vermischen und nach und nach in die Quarkmasse einarbeiten. Den Teig auf bemehlter Fläche ausrollen, auf ein gefettetes Backblech legen und einen Rand hochziehen.

Für den Belag den Speck in möglichst kleine Würfel schneiden. Die Zwiebeln schälen, in sehr feine Ringe schneiden. Die Zwiebelringe mit dem Speck und dem Kümmel vermischen.

Die Mischung auf dem Teig verteilen. Schmand und Eier verquirlen und ebenfalls auf den Teig geben. Im vorgeheizten Backofen bei 200 °C (Gas Stufe 3, Umluft 180 °C) etwa 25 Minuten backen. Den heißen Speckkuchen sofort servieren.

Kleine Leckereien vom Blech

Quarkbrezeln

300 g abgetropfter Quark	1 Prise Salz
150 g zerlassene Butter	400 g Mehl
2 EL Öl	1 Päckchen Backpulver
2 Eier	**Außerdem**
2 EL Zucker	1 Ei
1 Päckchen Vanillezucker	3 EL gehackte Mandeln

Den Quark durch ein Sieb streichen und mit Butter, Öl, Eiern, Zucker, Vanillezucker und Salz verrühren. Mehl mit Backpulver mischen und in die Quarkmasse einarbeiten. Den Teig auf bemehlter Fläche zu Würsten rollen, daraus Brezeln formen und auf ein gefettetes Blech legen. Mit verquirltem Ei bestreichen und mit Mandeln bestreuen. Im vorgeheizten Backofen bei 200 °C (Gas Stufe 3, Umluft 180 °C) etwa 15 Minuten backen.

Variante: Statt Brezeln Brötchen formen.

Quarktaschen

200 g abgetropfter Quark
2 EL Zucker
1 Prise Salz
1 Ei
6 EL Öl
300 g Mehl
2 gestr. TL Backpulver

Für die Füllung
300 g abgetropfter Quark
2 EL Zucker
1/2 TL abgeriebene, unbe-
    handelte Zitronenschale
200 g Himbeeren
Außerdem
Etwas Milch

Den Quark durch ein Sieb streichen, Zucker, Salz, Ei und
Öl dazugeben. Das mit dem Backpulver gemischte Mehl
sieben und mit der Quarkmasse vermischen. Für die Füllung den Quark mit dem Zucker und der Zitronenschale
verrühren.

Den Teig ausrollen und Kreise von 10 Zentimeter Durch-
messer ausstechen. Die eine Hälfte der Kreise mit der
Quarkmasse bestreichen und mit Himbeeren belegen.
Die andere Teighälfte dünn mit Milch bestreichen und
darüber klappen. Ein Backblech mit Backpapier auslegen, die Quarktaschen darauf geben und im vorgeheizten Backofen bei 200 °C (Gas Stufe 3, Umluft 180 °C)
etwa 20 Minuten backen. Herausnehmen und sofort servieren.

Pflaumentörtchen

450 g Blätterteig (tiefgekühlt)   100 g Pflaumenmus
2 EL gehackte Haselnüsse   500 g Pflaumen
150 g Marzipanrohmasse   **Außerdem**
2 EL Puderzucker   Zucker

Den Blätterteig auftauen und ausrollen. Handtellergroße
Kreise ausstechen. Haselnüsse, Marzipanrohmasse und
Puderzucker verkneten, dünn ausrollen, Kreise ausstechen und auf die Blätterteigkreise legen. Mit Pflaumenmus bestreichen. Die Pflaumen waschen, der Länge nach
halbieren, entsteinen und in Spalten schneiden. Die Spalten kreisförmig auf den Törtchen anordnen. Ein Backblech mit Backpapier belegen, die Törtchen darauf geben und im vorgeheizten Backofen bei 200 °C (Gas Stufe 3, Umluft 180 °C) 15 Minuten backen. Noch warm
mit Zucker bestreuen.

Schnecken

Je 4 EL Rosinen
und Korinthen
2 EL Rum
150 g abgetropfter Quark
4 El Zucker
6 EL Öl
1/2 TL abgeriebene, unbe-
handelte Zitronenschale

1 Prise Salz
300 g Mehl
3 gestr. TL Backpulver
50 g weiche Butter
3 EL gehackte Mandeln
Für die Glasur
200 g Puderzucker
3 EL Zitronensaft

Rosinen und Korinthen mit Rum beträufeln. Den Quark durch ein Sieb streichen und mit 2 EL Zucker, Öl, Zitronenschale und Salz verrühren. Mehl und Backpulver vermischen und zu der Quarkmasse geben. Gut durchkneten, auf bemehlter Fläche zu einem Rechteck ausrollen und mit Butter bestreichen. Den restlichen Zucker, die Rosinen, Korinthen und Mandeln darauf streuen. Den Teig aufrollen und in 1 1/2 Zentimeter breite Stücke schneiden. Ein Backblech einfetten, die Teigstücke auflegen und flach drücken. Im vorgeheizten Backofen bei 200 °C (Gas Stufe 3, Umluft 180 °C) etwa 15 Minuten backen. Herausnehmen und auskühlen lassen. Den Puderzucker sieben und mit Zitronensaft vermischen. Die Schnecken damit glasieren.

Zuckerhörnchen

500 g Mehl
30 g Hefe
4 EL Zucker
150 ml lauwarme Milch
3 Eier

200 g weiche Butter
Außerdem
2 Eigelb
Hagelzucker

Das Mehl in eine Schüssel sieben, in die Mitte eine Vertiefung drücken. Die Hefe mit 1 EL Zucker in lauwarmer Milch verrühren, in die Vertiefung gießen, etwas Mehl darüber stäuben. 20 Minuten gehen lassen. Eier und 100 g Butterflöckchen auf dem Mehlrand verteilen. Alles von der Mitte her zu einem geschmeidigen Teig verkneten. 30 Minuten zugedeckt gehen lassen. Den Teig nochmals durchkneten und auf bemehlter Fläche ausrollen. Die restliche Butter zerlassen. Aus dem Teig Quadrate von 20 Zentimeter Kantenlänge schneiden, mit zerlassener Butter bestreichen und mit dem restlichen Zucker bestreuen. Die Quadrate von einer Spitze beginnend aufwickeln und biegen, so dass kleine Hörnchen entstehen. Die Hörnchen auf ein gefettetes Blech legen. Mit verquirltem Eigelb bepinseln und mit Hagelzucker bestreuen. Im vorgeheizten Backofen bei 200 °C (Gas Stufe 3, Umluft 180 °C) 25 Minuten backen.

Süße Brezeln mit Safran

100 g Sultaninen	2 Eier
50 g Korinthen	80 g Butter
2 EL Rum	1 kräftige Prise
500 g Mehl	Safranpulver
30 g Hefe	**Außerdem**
2 EL Zucker	1 Eigelb
180 ml lauwarme Milch	Zerlassene Butter
7 EL saure Sahne	Feiner Zucker

Sultaninen und Korinthen mit Rum beträufeln. Das Mehl in eine Schüssel sieben, in die Mitte eine Vertiefung drücken. Hefe und Zucker in lauwarmer Milch verquirlen, in die Vertiefung gießen, mit etwas Mehl einen Vorteig rühren. 20 Minuten gehen lassen. Auf dem Mehlrand die saure Sahne, die Eier und die Butter verteilen. Den Safran in 1 EL lauwarmem Wasser verrühren und ebenfalls auf den Mehlrand geben. Alle Zutaten zu einem glatten Teig verkneten. 45 Minuten gehen lassen. Den Teig durchkneten, Würste rollen und Brezeln daraus formen. Ein Backblech einfetten, die Brezeln auflegen, mit verquirlten Eigelb bestreichen und bei 200 °C (Gas Stufe 3, Umluft 180 °C) etwa 20 Minuten backen. Noch heiß mit Butter bepinseln und mit Zucker bestreuen.

Plunderhörnchen

600 g Mehl
40 g Hefe
80 g Zucker
200 ml lauwarme Milch
1 Ei
$^1/_2$ TL Salz

250 g Butter
$^1/_2$ TL abgeriebene, unbe-
    handelte Zitronenschale
250 g Pflaumenmus
Außerdem
2 Eigelb

Das Mehl in eine Schüssel sieben, in die Mitte eine Vertiefung drücken. Die Hefe und 1 TL Zucker in 100 ml
Milch verrühren, in die Vertiefung gießen, etwas Mehl
vom Rand zufügen und einen breiartigen Vorteig bereiten. Zugedeckt an einem warmen Ort 20 Minuten gehen lassen. Auf dem Mehlrand den restlichen Zucker, das
Ei, das Salz, 70 g Butter in Flöckchen und die Zitronenschale verteilen. Von der Mitte her die Zutaten verkneten, dabei die restliche Milch zugeben. Den Teig kräftig
durchkneten, bis er sich vom Schüsselboden löst. Zugedeckt 45 Minuten gehen lassen.
Die restliche Butter dünn zu einer Platte von 20 x 30
Zentimeter ausrollen. Kalt stellen. Den Teig auf bemehlter Fläche ausrollen, die Butterplatte in die Mitte legen,
die Teigränder darüberschlagen, das Teigstück zu dop-
pelter Größe ausrollen und dreiteilig zusammenschlagen.

Den Vorgang nach Ruhepausen von jeweils 10 Minuten noch zweimal wiederholen. Aus dem ausgerollten Teig Rechtecke von 10 x 12 Zentimeter ausschneiden. In die Mitte jeweils 2 TL Pflaumenmus geben. Die Teighälften übereinander klappen und zusammendrücken. Zu Hörnchen biegen. Das Eigelb mit 1 EL Wasser verrühren, die Hörnchen damit bestreichen. Ein Backblech einfetten, die Hörnchen daraufgeben und im vorgeheizten Backofen bei 200 °C (Gas Stufe 3, Umluft 180 °C) etwa 25 Minuten backen.

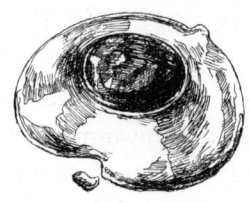

Käse-Schinken-Röllchen

150 g abgetropfter Quark
5 EL Milch
1 Ei
6 EL Öl
1 Prise Salz
300 g Mehl

2 gestr. TL Backpulver
200 g roher Schinken
125 g Reibekäse
Außerdem
1 Ei

Den Quark durch ein Sieb streichen und mit Milch, Ei, Öl und Salz verrühren. Mehl und Backpulver vermischen und in die Quarkmasse einarbeiten. Den Teig auf bemehlter Fläche ausrollen. Mit einem Teigrädchen Quadrate von 9 x 9 Zentimeter ausrädeln. Den Schinken in kleine Würfel schneiden. Die Quadrate mit Reibekäse und Schinkenwürfeln belegen und von einer geraden Seite her aufrollen. Die Ränder fest zusammendrücken. Auf ein gefettetes Backblech legen. Das Ei verquirlen, die Röllchen damit bestreichen. Im vorgeheizten Backofen bei 200 °C (Gas Stufe 3, Umluft 180°C) etwa 20 Minuten backen.

Usbekische Piroshki mit Kräutern

500 g Mehl
20 g Hefe
$1/4$ l lauwarme Milch
$1/2$ TL Salz
80 g Butter
Für die Füllung
100 g Schnittlauchröllchen
100 g gehackter
   Sauerampfer

5 g gehackte
   Pfefferminzblätter
5 g gehackte
   Korianderblätter
6 EL gehackte Schalotten
1 TL Paprikapulver edelsüß
$1/2$ TL Salz
8 EL Öl
200 g saure Sahne

Das Mehl in eine Schüssel sieben, in die Mitte eine Vertiefung drücken. Die Hefe in etwas Milch verrühren, hinein gießen, Mehl darüber stäuben. 15 Minuten gehen lassen. Auf dem Mehlrand Salz und die Butter in Flöckchen verteilen. Von der Mitte her alles zu einem geschmeidigen Teig verkneten. An einen warmen Ort stellen und 30 Minuten gehen lassen.

Für die Füllung Schnittlauch, Sauerampfer, Minze, Koriander, Schalotten, Paprikapulver, Salz und Öl verrühren. Den Teig nochmals durchkneten und auf bemehlter Fläche ausrollen. Aus dem Teig Kugeln (wie für Klöße) formen, flachdrücken, die Füllung in die Mitte geben und die Ränder jeweils von drei Seiten her darüber legen, so daß eine dreieckige Pastete entsteht. Die Teigstücke mit saurer Sahne bestreichen. Im vorgeheizten Backofen bei 200 °C (Gas Stufe 3, Umluft 180 °C) etwa 15 Minuten backen.

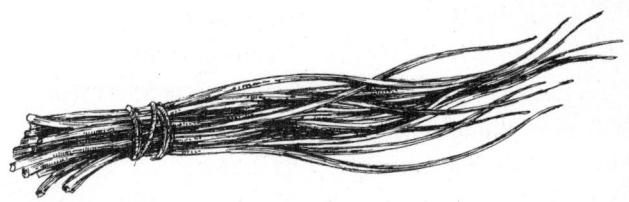

Kräuterhörnchen

500 g Mehl

30 g Hefe

1/4 l lauwarme Milch

2 Zwiebeln

2 Knoblauchzehen

1 Bund Schnittlauch

1 Bund Petersilie

100 g Butter

1 TL Salz

1 TL gemahlener Kümmel

1 TL Majoran

Außerdem

2 Eigelb

Salz

Kümmel

In die Mitte des gesiebten Mehls eine Vertiefung drücken. Die Hefe in 1/8 l Milch verrühren, in die Vertiefung gießen, mit etwas Mehl einen Vorteig rühren. 20 Minuten gehen lassen. Zwiebeln, Knoblauchzehen, Schnittlauch und Petersilie fein schneiden. Butter, Salz, Kümmel, Majoran, Zwiebeln, Knoblauch und Kräuter auf dem Mehlrand verteilen. Alles zu einem glatten Teig verkneten, dabei die restliche Milch zugeben. 45 Minuten gehen lassen. Kräftig durchkneten und ausrollen. 12 x 12 Zentimeter große Quadrate schneiden, von einer Ecke her aufrollen und zu Hörnchen formen. Mit verquirltem Eigelb bestreichen, mit Salz und Kümmel bestreuen. Die Hörnchen auf ein gefettetes Blech setzen, bei 200 °C (Gas Stufe 3, Umluft 180 °C) 25 Minuten backen.

Speckbrötchen

500 g Mehl
30 g Hefe
1/4 l lauwarme Milch
1 Ei
50 g Butter
1/2 TL Salz

Für die Füllung
300 g durchwachsener
   Speck
2 Zwiebeln
30 g Butterschmalz
Außerdem
2 Eigelb

Das Mehl in eine Schüssel sieben, in die Mitte eine Vertiefung drücken. Die Hefe in 1/8 l lauwarmer Milch verquirlen, in die Vertiefung gießen, etwas Mehl dazugeben
und einen Vorteig herstellen. 20 Minuten gehen lassen.
Ei, Butter und Salz auf dem Mehlrand verteilen. Von der
Mitte her verkneten. 45 Minuten gehen lassen.
Für die Füllung den Speck in kleine Würfel schneiden,
die Zwiebeln schälen und fein hacken. Das Butterschmalz
erhitzen, Speck und Zwiebel darin goldbraun braten.
Vom Herd nehmen und auskühlen lassen. Den Teig kräftig durchkneten, zu einer Rolle formen und in 12 Stücke
teilen. Jedes Stück ausrollen und mit der Speck-Zwiebel-
Mischung bestreichen. Zu ovalen Brötchen formen, mit
Eigelb bestreichen und mit einem Messer dreimal schräg
einschneiden. Die Brötchen auf ein gefettetes Blech set-

zen und bei 200 °C (Gas Stufe 3, Umluft 180 °C) etwa 25 Minuten backen.

Kartoffelhörnchen

300 g Kartoffeln	1 Päckchen Backpulver
250 g Mehl	**Außerdem**
1 EL Speisestärke	250 g Aprikosenkonfitüre
125 g Zucker	100 g zerlassene Butter
3 Eier	100 g Zucker
80 g weiche Butter	

Die Kartoffeln in der Schale kochen, pellen, durch die Kartoffelpresse drücken und auskühlen lassen. In eine Schüssel geben. Mit zwei Gabeln auflockern und mit Mehl, Speisestärke, Zucker, Eiern, Butter und Backpulver verkneten. Auf bemehlter Fläche ausrollen und Quadrate von 20 Zentimeter Kantenlänge schneiden. Mit Konfitüre bestreichen. Von einer Spitze beginnend aufrollen und zu Hörnchen biegen. Ein Backblech einfetten, die Hörnchen darauf geben und im vorgeheizten Backofen bei 200 °C (Gas Stufe 3, Umluft 180 °C) etwa 25 Minuten backen. Noch heiß mit zerlassener Butter bestreichen und mit Zucker bestreuen.

Käsehörnchen

500 g Mehl	80 g Butter
30 g Hefe	1 Ei
1 TL Zucker	**Außerdem**
knapp ¼ l lauwarme Milch	2 Eigelb
1 TL Salz	Reibekäse
2 TL Kümmel	Kümmel

Das Mehl in eine Schüssel sieben, in die Mitte eine Vertiefung drücken. Hefe und Zucker in 100 ml Milch verrühren, in die Vertiefung gießen, etwas Mehl darüberstäuben und einen breiartigen Vorteig rühren. 20 Minuten gehen lassen. Auf dem Mehlrand Salz, Kümmel, Butter in Flöckchen und das Ei verteilen. Die Zutaten von der Mitte her zu einem glatten, geschmeidigen Teig verkneten, dabei die restliche Milch zugeben. 30 Minuten gehen lassen. Den Teig auf bemehlter Fläche kräftig durchkneten und ausrollen. 10 Zentimeter große Quadrate schneiden, zu Hörnchen formen und auf ein gefettetes Backblech legen. Leicht mit Mehl bestäuben und 15 Minuten gehen lassen. Mit verquirltem Eigelb bestreichen und mit Reibekäse und Kümmel bestreuen. Im vorgeheizten Backofen bei 220 °C (Gas Stufe 4, Umluft 200 °C) etwa 15 Minuten backen.

Über dieses Buch

Die Autorin Oda Tietz hat Germanistik studiert und danach als Journalistin gearbeitet. Seit 20 Jahren konzentriert sie sich jetzt auf den Bereich Kochen und Ernährung. Ergebnis dieser Tätigkeit ist eine Vielzahl höchst erfolgreicher Kochbücher. Oda Tietz lebt in Leipzig.

Haftungsausschluss Die Inhalte dieses Buches sind sorgfältig recherchiert und erarbeitet worden. Dennoch kann weder der Autor noch der Verlag für die Angaben in diesem Buch eine Haftung übernehmen.

Impressum Es ist nicht gestattet, Abbildungen und Texte dieses Buches zu digitalisieren, auf PCs oder CDs zu speichern oder auf PCs/Computern zu verändern oder einzeln oder zusammen mit anderen Bildvorlagen/Texten zu manipulieren, es sei denn mit schriftlicher Genehmigung des Verlages.

Weltbild Buchverlag, Augsburg
© 2000 Weltbild Verlag GmbH, Augsburg
Alle Rechte vorbehalten

Redaktion: Annette Gillich, Duisburg
Umschlag: Michael Keller, München
Titelbild: Inge Ofenstein, München
Layout: Nina Engel
Illustrationen: Beate Brömse, München
DTP/Satz: Lydia Koch
Reproduktion: Uhl + Massopust, Aalen
Druck und Bindung: Ebner Ulm

Gedruckt auf chlorfrei gebleichtem Papier
Printed in Germany

ISBN 3-89604-311-0

Register

Apfel-Schmand-Kuchen 56

Apfelkuchen mit Guss 44

Bauernbrot mit Nüssen 105

Birnenkuchen
  mit Käsecreme 62

Blühender Mohnkuchen 22

Brombeerkuchen 51

Butterkuchen 28

Buttermilchkuchen 27

Dresdner Eierschecke 42

Festtagskuchen 21

Früchtebrot 90

Gedeckter Apfelkuchen 8

Gedeckter Quarkkuchen 66

Gefüllter Bienenstich 48

Gefüllter Nusskuchen 70

Haselnuss-Ingwer-Kuchen 79

Heidelbeerkuchen
  mit Schmand 53

Hirschhornkuchen 74

Honigkuchen 75

Hummelkuchen 24

Kartoffelhörnchen 124

Kartoffelkuchen 34

Kartoffelrolle mit Speck
  und Käse 103

Käse-Schinken-Röllchen 119

Käsehörnchen 125

Käsekuchen mit Auberginen 102

Käsekuchen mit Schokolade 38

Kirschkuchen mit Streuseln 50

Kleckselkuchen 40

Kräuterbrot 106

Kräuterhörnchen 122

Kuchen mit Keksdecke 20

Kulebjaka 98

Lukullus-Quarkkuchen 35

Makronenkuchen mit Guss 67

Mandelkuchen 6

Marzipanstollen 87

Milchzopf 61

Mohnkuchen mit Aprikosen 16

Mohnstollen 85

Mohnstollen mit Birnen 84

Nikolauskuchen 77

Nusskuchen 57

Nusskuchen mit Schokolade 64

Pfirsichkuchen 11

Pflaumenkuchen mit Leinöl 54

Pflaumenkuchen
  mit Streuseln 25

Pflaumentörtchen 114
Pikante
  Schinken-Käse-Kuchen 110
Plunderhörnchen 118
Prasselkuchen 30
Prophetenkuchen 80
Pulsnitzer Pfefferkuchen 78
Quarkbrezeln 112
Quarkstollen mit Marzipan 89
Quarktaschen 113
Rahmstreuselkuchen 63
Rollkuchen 18
Rosenkuchen 59
Rupfkuchen 46
Safranbrot 109
Sauerkrautbrot 99
Schmandkuchen mit Speck 96
Schnecken 115
Schneewittchenkuchen 4
Schokoladen-
  Aprikosen-Kuchen 72
Schokoladenkuchen 37
Sirupkuchen 91
Speck-Nuss-Kuchen 101
Speckbrötchen 123
Speckkuchen mit Kümmel 111
Stachelbeerkuchen 9

Streuselkuchen mit Rosinen 32
Streuselkuchen
  mit Sahnefüllung 69
Süße Brezeln mit Safran 117
Tomaten-Käse-Kuchen 94
Usbekische Piroshki
  mit Kräutern 120
Waldbeerenkuchen
  mit Streuseln 12
Watruschki mit Käse 97
Wattekuchen 17
Weihnachtsstollen
  Dresdner Art 82
Weinbeerenkuchen
  mit Guss 13
Weizenbrot mit Walnüssen 107
Wespenstich 14
Zarter Apfelkuchen 26
Zimtkuchen 81
Zitronenkuchen 5
Zuckerhörnchen 116
Zuckerkuchen
  mit Haselnüssen 33
Zwiebackkuchen 29
Zwiebel-Nuss-Kuchen 93
Zwiebelbrot 108
Zwiebelkuchen mit Äpfeln 92